西小章村

山东村落田野研究丛书

张士闪 李松 总主编
张士闪 著

山东大学出版社

《山东村落田野研究丛书》
编委会

总序

编纂一套山东村落田野调查方面的丛书，立意甚早。20多年来，以山东大学为核心的山东民俗学团队，每年都会安排多次村落田野调查活动，许多博士、硕士学位论文也以村落为田野点，注重对田野材料的挖掘与分析，紧贴乡土作实证研究，迄今竟有百村之数。学术论文的阅读群终归有限，将这些辛苦得来的第一手田野资料，以写实的手法呈现出一个个真实的村落世界，向社会提供一份可信的国情资料，一直是我们共同的心愿。

2016年夏，山东大学民俗学研究所与山东大学出版社共同策划、申报“山东村落田野研究”选题，并于2017年春被列入国家出版基金规划资助项目，夙愿终偿。我们从以山东村落为田野点的博士、硕士学位论文中遴选出20种，邀约作者遵循“深描村落生活，凸显村民主体，梳理乡土文脉，展现国情底色”的原则，进行改写或重写。为使这一原则不致落空，我们课题组密集举办三次小型研讨活动，达成如下共识：

首先，小中见大，述而见议。这套丛书所选村落虽然都在山东，但学术视野并不自我设限，讲究以小见大，寓学理于讲述之中，助推对于中国社会的深入理解。这需要作者秉持综合、开阔的学术眼光，既关注村落的历史脉络，涵括其驳杂的历史动态，又聚焦当今村民主体话语，反映村落的社会现实和未来走向。

其次，关注传承，着眼动态。在乡土社会发生剧变的当下，我们理应重新观察和思考作为人类最基本的生活共同体的村落，关注其自治传统的传承及组织机制，得出符合其自身历史实际和内在逻辑的阐释。村落描述，不应该成为乡村琐事的拼盘，也不是对于一个个村落凝固幻象的编织，甚至也

不应满足于立此存照式的一幅幅风俗画。我们深信，就在众多村落所呈现的异同之间，蕴含着中国基层社会的真正奥秘。

再次，村民本位，日常视角。坚持村落民俗志描述中的村民本位，摆脱那种将文人的文字传统视为“唯一性知识”的旧习，将村民日常使用更广泛的口述、物象、仪式等知识形式，放在至少是与文字同等的位置。我们深知，白纸黑字所代表的文字表达传统，仅仅是占社会总体人数很少的文人阶层所推重的一种特殊知识形式，而远非人类知识之全部。在乡村社会中尤其如此。将村落的历史、当下与未来贯穿起来的村民，在“过日子”中凝结而成的丰富知识形式，理应在村落民俗志中显现光彩。我们期望这套丛书出版后，不仅供学者研究、都市人阅读，还有村民愿看，甚至成为村落典藏。让乡土知识真正实现“从民众中来，到民众中去”，是我们最大的心愿。

新世纪以来，随着以全球化、都市化为特征的现代生活的迅速普及，乡土民俗的连续性、系统性、整体性已严重受损，曾作为中国社会主体的乡土村落正经历巨变。但无论如何，村落依然是中国传统文化的重要承载地，农民是绝不可轻忽的文化传承主体。当代学者的一项重要使命就是关注村落，将村落中的人、事、文化传统与生活现状等视为一个整体，通过深描村落社会运行的逻辑，阐释村民的生活世界及其赋予生活的意义之所在，并在此基础上对其组织形态、机制及变迁予以描述与推导，这对于理解中国乡村文化传承乃至整个中国社会大有裨益。我们深知：梳理中国村落的历史来路，叩问其从何而来；展示由形形色色民俗事象所构成的村落人文世界，理解现状与内在脉络；观察村落在现代化进程中的遭遇与新创，关注其向何处去——这应该成为村落研究介入当代中国社会发展、彰显乡村文化茁壮活力的基本向度。

一、中国村落研究传统

生于乡土，终老乡土，曾在漫长岁月中被绝大多数国民视若天经地义，这一社会事实本身即足以显示村落的意义。我们相信，“在村落中研究”（格尔兹语）的学术实践，在当今“世界史”“全球史”风起云涌之际，不仅没有过时，而且不可或缺。毕竟，无论是重述“亚洲”，还是重述“世界”，我们仍要以乡土中国为立足点。

传统意义上的村落，自有其历史渊源与发育过程。村落社会的组织与运行，离不开稳定的民俗传统的传承。民俗传统既具有群体规约性质，又能为民众提供身份认同与人生意义，因而蕴含生机，常在常新。村落之为“问题”，乃是19世纪末20世纪初，一批知识分子基于晚清社会之变局“眼光向下”的产物：一方面，受西方入侵影响，新的生产方式与经济结构已日益内嵌于中国基层社会，传统时代城乡互动的社会运行模式被打破，作为中国乡土社会基本单元的村落日渐萎缩，成为当时中国社会整体发展失衡状况的表征之一；另一方面，以“西学东渐”为背景而形成的革命性、现代性强势话语，逐渐渗入乡土社会，持续改写着村落发展的内在逻辑，造成了民间自治传统的失衡或断裂。① 以此为背景，乡土社会成为当时知识精英普遍关注与“拯救”的对象，村落则成为中国现代学术研究的重要单元。

诚然，学术活动不能没有研究单元的设计。20世纪上半叶，以费孝通、林耀华等为代表的中国学者，就注意选择村落或村寨为研究单元，并在其学术生涯中长期坚持，认为村落既是便利研究者做全面了解的较小的社会单位，又是反映人们社会生活的比较完整的切片。② 其中奥秘，恰如英国人类学家布朗所强调的，对于一个村庄进行细致入微的研究的意义在于——既要看到村落社区生活的某一个方面在整体的社会生活中的功能，也要看到这个村落本身的组成结构。③ 钟敬文在1983年中国民俗学会成立的讲话中，将“搞民俗学当然着重在广大农村”当作不言而喻的前提④，后又在不同场合多次表述，获得了国内民俗学界的广泛响应，乃至成为经典范式。20世纪90年代初，刘铁梁从民俗传承生活空间的角度，论述了村落作为基本研究

① 参见张士闪：《“顺水推舟”：当代中国新型城镇化建设不应忘却乡土本位》，载《民俗研究》2014年第1期。

② 参见费孝通：《江村经济——中国农民的生活》，商务印书馆2001年版，第24页。

③ 转引自赵旭东：《权力与公正——乡土社会的纠纷解决与权威多元》，天津古籍出版社2003年版，第10页。

④ 参见钟敬文：《民俗学的历史问题和今后的工作》，载《钟敬文自选集》，首都师范大学出版社2008年版，第409页。

单位的意义，明确了村落研究在民俗学学科中的理论地位。[①] 时至今日，以村落为单元进行研究的学者仍为数众多，跨越民俗学、人类学、社会学、历史学、民族学、艺术学等学科。诚然，在国土广袤的中国，无论从事怎样的课题研究，从相对自成体系而又较小的村落生活共同体入手，自有其合理性，而且有望产生深厚的学术理论意义。更何况，村落研究还被赋予认知历史、立足当下、面向未来的重要使命。村落形态尽管一直处于或微或巨的变化之中，但它所塑造的文化模式与传统，在可预见的未来中国仍具重要价值，乃是不争的事实。

但与此同时，对于以村落为研究单元的批评一直不绝于耳。美国学者施坚雅的批评可谓尖锐："研究中国社会的人类学著作，由于几乎把注意力完全集中于村庄，除了很少的例外，都歪曲了农村社会结构的实际。如果可以说农民是生活在一个自给自足的社会中，那么这个社会不是村庄而是基层市场社区。"[②]在施坚雅的"市场圈"理论之后，又陆续出现了祭祀圈、婚姻圈、联村组织等研究范式，对村落研究模式予以拓展，努力将村落单元置于更大范围的区域社会脉络中予以理解。毕竟，村落社会并非村民的简单集合，村民生活也并非只与村落有关。自古及今，村民与村外世界联系的普遍性是无可置疑的。[③]

围绕村落作为研究单元的种种争论，有相当多的误解在内。比如：对于村落生活共同体的基本理解，是被动、静态，还是动态、开放？争论双方其实是基于不同的预设。村落研究，如果将村落理解为动态、开放的社区，就应该成为从村落出发的研究，以小见大地拓展个案研究的价值，而那种从较大区域展开的研究，如果将村落理解为被动、静态的社区，也不见得就一定贴

---

① 参见刘铁梁：《村落——民俗传承的生活空间》，载《北京师范大学学报(社会科学版)》1996年第6期。最近，他对此作了更明确的表述："村落被民俗学者视为田野调查的最佳场域，也是最基本的空间单位……民俗学把村落作为一个整体的小社会进行观察和分析。在村落中观察到的民俗文化事象，具有时空的限制意义。"(刘铁梁：《"深描"中国村落文化变迁》，载2017年7月10日《中国社会科学报》)

② [美]施坚雅(G. William Skinner)：《中国农村的市场和社会结构》，史建云、徐秀丽译，中国社会科学出版社1998年版，第40页。

③ 即使在前现代化时期，村落本身也不可能像老子所说的"鸡犬之声相闻，民至老死不相往来"，如多村共用一庙、信仰仪式的村落轮值等。当代学界热衷于以"古村落""传统村落"等为研究对象，频繁使用"原生态""原汁原味""本真性"等概念，其实都是以将封闭自足视作村落的"典型"状态为预设的。

近了"农村社会结构的实际"。其中的关键,是对于乡村社区与村民主体之间互动关系的理解,而不在于所选择的研究单元的大与小。即便是规模不大的村落,毕竟也是民众多种力量共存的、活态的生活共同体。其实,在中国乡土社会研究中,真正让人遗憾的是对于村民主体性的轻忽或漠视,这是在上述研究模式中一直未能得到根本改变的死角。

二、村落研究,应聚焦民众主体

绝大多数的村落研究,往往将民众的文化笼统地归于"民俗",似乎民众的文化生命是以"民俗传承"来丈量或维系的。厘清民众与民俗的关系,将有助于拨开笼罩在村落研究中的多重迷雾。民俗,究竟是民众自发的文化创造,还是基于"一二人倡之,千百人和之"的精英引领,抑或不过是国家大一统进程中"礼化为俗"的结果?细究之,上述三种观点虽都不免以偏概全,却也都道出了民俗的某一要义。若将三者统观,庶有助于对"民俗"乃至村落的理解。

首先,民俗的本质是民众主体的文化创造,自无可置疑。民俗传统,即民众在长期生活实践中,以约定俗成的方式促使某种价值规范发生从世俗到超验的升华过程。值得注意的是,这一升华过程绝不是一朝一夕所能成就,也并非一成不变,而是在民众生活共同体内部始终蕴含着多变的可能,呈现出活态性质。同时,再有力的国家行政运作,也无法随意篡改民俗传统或改变村落社会的民众主体性质。近年来对于当代村落的近距离观察,使我们更加确信:在当下新型城镇化的浪潮中,民俗传统不仅没有遁隐,而且变得更富弹性与多元。时至今日,某些村落的发展轨迹时显诡异,其"突然终结"与"奇迹再生"之现象让人大感迷惑。究其实,民众力量在社会剧变中的屈抑与释放当是理解这一现象的重要维度。

其次,自古以来,民俗的形成与发展均离不开知识精英的引领作用。我们在田野作业中发现,很多民俗传统一开始是作为事件应激之文化反应而出现的,如村落形成之初的生存所需、灾乱年头的秩序维持、太平时期的发展机遇捕捉等。这种因应激而形成的文化反应,不会随着事件的完结而迅即消失,而是沉淀、扩散到地方生活中,形成社会经验,此后又会在后发的事

件应激中被运用，最终磨合成一种社会行为模式。在应激事件、应激性文化反应与社会行为模式的互动过程中，离不开少数文化精英的有意识运作，并最终使之沉淀为乡土民俗。恰如“民俗”之作为现代学术概念，也是伴随着现代城市化的发展进程而为知识精英所发明并设置意义的。正像铃木正崇所说：“直到近代，‘民俗’与‘传统’在消灭和生成的间隙中得以发现。”[①]不过，少数知识精英的引领作用，从来是与其“适于时而合于势”的行为选择密切相关的。兹以地方志书中的灾荒记录为例予以简单说明。地方志书中总是凸显地方精英的非凡作用，比如为减税急赈而为民请命、订约立碑以控制社会秩序等，而将一方民众作为背景因素，至多以“民不聊生”“饥民四起”等语大略言之。这显然并非社会事实。实际上，精英的行为往往是受地方社会情势所激，其对于当时国家政治态势的估测，与对于地方民众心理的揣度，为其行为选择提供了关键性依据。但作为地方社会情势重要构成因素的民众，却在地方志书中被大大忽视了。

再次，中国很早以来就已形成所谓的“礼俗社会”，传统中国作为一个复杂社会系统，在民间生活与国家政治之间有着复杂而深厚的同生共存关系。纵观一部中华文明传承发展史，国家意识形态经常借助对民俗活动的渗透而在乡村生活中贯彻落实，形成“礼”向“俗”落实、“俗”又涵养“礼”的礼俗互动的政治框架。礼俗互动，既包括民众向国家寻求文化认同并阐释自身生活，也体现为国家向民众提供认同符号与归属路径。换言之，借助民俗文化的生机跃动，民间社会始终发挥着对于主流文化的葆育能力。以此为基础，在中国社会悠久历史进程中的“礼俗互动”，就起到了维系“国家大一统”与地方社会发展之间平衡的作用。[②] 国家政治与民间自治之间的互动关系，不仅形塑着社会组织的基本形式，也由此产生了社会生活层面的文化交织现象：“国家对村落的政治干预与民间自治之间有长期互动的历史，结果是形成了今天（家族村落）聚落联合体的基本组织形式。”[③]以此理解中国大地上的众多村落，庶有较通观的眼光。

---

① ［日］铃木正崇：《日本民俗学的现状与课题》，赵晖译，载王晓葵、何彬编：《现代日本民俗学的理论与方法》，学苑出版社 2010 年版，第 3 页。

② 参见张士闪：《礼俗互动与中国社会研究》，载《民俗研究》2016 年第 6 期。

③ 刘铁梁：《传统乡村社会中家庭的权益与地位——黄浦江沿岸村落民俗的调查》，载《北京师范大学学报（社会科学版）》2001 年第 6 期。

三、村民口述的意义

走进村落，不仅要关注“民生”，而且要体察“民心”，感受民众生活史与心态史的双重意义。面对民众的生活与文化，传统的学术工具似乎不那么灵光了。

比如，我们在村落调查中，经常有各种各样的困惑。为什么历史上的某一事件，会频繁地被村民表述，还被表述者加上了许多的发明和创造？不仅如此，看起来离“真相”越来越远的表述，反倒经常成为后人的话题中心，并在现世生活的裹挟下发生效用，而事件本身(即所谓“真相”)倒不见得重要了。还有，为什么是历史上的这一事件而不是另一事件，频繁地被这一地方而不是另一地方的人不断关注，并“折腾”出了这样的而不是别样的传统？有果必有因，有事必有人，民间自有其文化选择与传承的机制——没有关注，就不会有表述；没有关注和表述，就不会有传统的发明和创造。

显然，前者关注的是一种文化传承的线性历史，后者则关注其内在结构逻辑，耶鲁大学教授萧凤霞试图以“结构过程”[①]涵括二者。要想真正地解惑答疑，就必须在具体的区域社会空间中将二者结合起来，关注某一传统从过去到现在的建构过程与多元指向，并特别聚焦其主体表述。这一研究模式的策略是，一种传统在不同时代留下的表述有或微或巨之别，而就在种种表述的同异之中，蕴含着区域社会发展的历史脉络与内在逻辑。因此，我们的工作首先是挖掘各种表述，然后在各种表述之间寻找关联，总结民间叙事的特征，并在此基础上还原“社会事实”，建构逻辑关系。鉴于历史上官方、知识精英与民众的互动情形驳杂不一，我们今天所见的“传统”基本上都已经历过无数次改写，只是我们难以知情罢了，因此必须保持足够的警觉。这也意味着，我们在关注传统的线性历史脉络的同时，要特别关注地方社会中人的创造能力及创造逻辑。

用这样的眼光看，民间口述材料中所谓的“随意性”，不但不应是拒绝采信的理由，反倒要视为民间叙事乃至地方生活的应有特征，为我们解读历史

① 萧凤霞：《廿载华南研究之旅》，载《清华社会学评论》2001 年第 1 期。

提供了一种相对稳实可靠的地方逻辑。一个人（当然也包括多人）对于同一事件的不同表述，既可以是基于生活状态与交流情境不同而形成的差异，也可能是他对事件表述的不同侧面的选择，还可能是他自身“觉昨非而今是”而有所改变的结果。叙事者，既是能动的个体，又会受到国家历史进程与地方社会发展格局的影响。更重要的是，国家历史进程与地方社会发展并不是作为人类个体活动的静态背景而存在的，而是通过无数个体的能动性活动才得以实现的。个体与群体的叙事及其他行为，对于地方社会发展与国家历史进程的推动作用，至今尚难以准确估测，但在它们之间存在着至为复杂的关联与互动关系，则毫无疑问。因此，民间叙事基于村落生活而呈现出的所谓“随意性”，不但不是田野研究的绊脚石，反倒蕴含着学术进步的契机，因为这是理解村民的历史观、价值观的必由之径。

村落中的民间叙事，还会努力保持与地方志、族谱、文人著述等文字传统的一致性。比如，它们都倾向于将本地区的历史与文明传统演绎得悠久古老，竭力与上古圣贤、神灵怪异建立关联，以贴近“人杰地灵”的叙事逻辑。显然，地方社会一直在不断地重新定义和建构自身传统的神圣与伟大，只不过官方和文人的叙事多以县境为单元，村民则多以村境为指向，官民之间经常发生的“文化合谋”即在此背景下展开。这与现代婚礼上对于恋人“缘分”的演绎，电视选秀者对其生平际遇的“赋值”等现象，如出一辙。其中的关键是如何建构叙事的合理性，以感染受众，并挟以自重。由此可知，执着于对民间叙事证实或辨伪的学者，既难以理解历史，也不能洞悉民众智慧。

村落研究，是不能不将历史学与民俗学、人类学的研究方法加以综合运用的。就村落史研究的学科传统而言，历史学追求历史真相，其研究注重证实或辨伪，而民俗学、人类学则关注民众如何记忆历史，以及为什么这样记忆历史。村民的历史记忆可以是虚构的、附会的、可改变的，因为它指向的是意义。比如，在山东各地的移民传说中，潍水以西大都说是来自山西洪洞大槐树（有的强调是由河北枣强中转而来），潍水以东的胶东半岛则普遍流传着“小云南移民”的说法。虽然众口一词言之凿凿，但在历史上不可能村村如此。然而，人们还是将传说演绎为一种显赫话语，争相讲述、争论与传播。在争来说去之间，这一传说就被广阔地域的人们演绎为一种有意义的历史记忆，衍生出文化认同、精神安顿等现实意义。克拉克认为：“人类学者

一向比社会学者和历史学者对于历史意义的重要性更为敏感。和'什么事实际上发生过'同样重要的,是'人们以为发生过什么样的事',以及他们视它有多么重要的。"[①]真正的村落研究,不仅是在为包括历史学在内的多种学科提供民众口述资料,其实还有更为重大的使命,就是挖掘和呈现民众生活实践中的文化创造及其价值建构。遗憾的是,后者至今仍为包括民俗学者在内的众多学人所轻忽。

四、以学者与村民合作的民俗志书写方式,推进当代村落研究

近年来学界劲吹"田野风",进入村落成为时尚。特别是有老建筑遗存的古村,学人更是纷至沓来。热衷于进村者,并非都出于对村落价值的珍视与对村落发展的关怀,但对村落的影响却是强大而持续的。在这一切的背后,是国家战略聚焦乡村,社会资本涌入乡村,乡村成为当代社会的"宝地"。

历史告诉我们,乡村社会的良好发展是国家长治久安的基础。不过,在此时此刻,如下追问也许并非多余:我们真正了解我们匆遽进入的乡村吗?我们所理解的、要保护的乡村文化生态是自然真实且可持续的吗?我们的意愿也是生于斯长于斯的众多父老乡亲的愿望吗?这方水土会因我们的进入而更加美好吗?须知,在"现代化发展"这一庞然大物面前,乡村自然与人文生态系统是何等脆弱,而乡村所积淀的传统智慧对于人类未来发展则弥足珍贵,任何人、任何力量都无权损之毁之。广阔的农村天地首先需要被准确认知,然后才有可能"大有作为"。面对村落,如何才能更好地认知、更深入地理解与更准确地描述呢?

就本套丛书的众多作者而论,虽然早先在博士、硕士学位论文的写作过程中,已对村落有相当了解,但受到学位论文写作时间的限制与研究能力的制约,其村落民俗志描述少有村民的内部视角。我们期望在这套丛书的写作中,通过学者与村民的深度合作,尽量多地呈现二者的不同视角,尽

① [美]克拉克(Samuel Clark):《历史人类学、历史社会学与近代欧洲的形成》,贾士蘅译,载[加]玛丽莲·西佛曼、P. H. 格里福编:《走进历史田野——历史人类学的爱尔兰史个案研究》,(台北)麦田出版股份有限公司 1999 年版,第 386 页。

量多地留存鲜活的乡土气息。

1. 对于村民的内部知识，不妄加评论，而采用现象描述的方式，呈现真实的民众心态。

初入田野者，最常见的毛病便是盲从自己的知识“先见”，乍见村落种种现象，就匆匆忙忙做类型区分和价值判断。比如，对于村民信仰活动，或要评判是否迷信，或要区分是道教还是佛教。这样的知识“先见”，其实是基于对中国社会的肤浅理解。看似荒诞不经的言行，往往背后蕴含着民众的真实心态，是解读村落心史的难得资料。本套丛书中《胡集村》一书的作者王加华，曾携初稿进村交流。村民以当地说书前惯用的几段开场白[①]为证据，坚持认为本村起源于春秋时期，已有2000多年历史。这一说法无疑是非历史的，却正反映了村民希望将本村历史拉长与神圣化的真实心态。作者最终定稿时，对此就没有予以简单地抹杀或揶揄，而是在列举地方志书中的“明初立村说”之后，呈现村民的“春秋立村说”及其依据，同时保留村民的其他说法，这无疑是确当的。

当然，在学者与村民的交流中，也会有村民揣摩学者意图而对村落内部知识加以改装，往学者这边贴靠。这既与现实生活中学者话语的强势地位有关，也表现出村民对外来话语（包括学者）的利用心态，后者尤其值得注意。一些有见识的村民，一旦察觉到学者话语有助于所在村落的“增值”，往往就会抛弃己见，欣然赞同学者的说法，甚至热心地帮助寻找证据。虽然这也是村落知识增长的一种方式，但目前却还处于不稳定状态，需要将之与村落中比较稳定的知识范畴相比照，否则，我们对村落的理解就不免浮光掠影。

2. 丛书最后特设专章“村里的人　村里的事”，附录“重要民俗资料提供者简介”与村民所用文献，以凸显村民的主体叙事视角。

“村里的人　村里的事”专章的设计，意在以词条单列的方式，突破传统村落民俗志书写的静态幻象，在以事带人的生动描述中展现村落中的特

① 胡集书会汇聚南北说书人，常用的开场白有：“道德三皇五帝，功名夏后商周，五霸七雄闹春秋，顷刻兴亡过手。”“孔夫子周游列国，子路沿门教化。柳敬亭舌战群贼，苏季子说合天下。周姬佗传流后世，古今学演教化。”“扇子一把抡枪刺棒，周庄王指点于侠。三臣五亮共一家，万朵桃花一树生下。何必左携右搭。”

色文化。要想做到这一点并不容易。如张士闪和张帅在完成《洼子村》一书初稿后，曾专门回村细读给7位老人听，在热烈的讨论交流中，重新审视或矫正书中的原有观点。有村民尖锐地提出，原书稿过于突出巫婆神汉、善人及其信仰活动①，应该为本村烈士、支前英雄"树碑立传"，突出"教师村"的形象，并提供了相关资料。我们据此进行调整，新增"教师村""红色记忆"两个词条，与原有的"公事总理""礼仪人家""善人"等并置相映，就明显合理多了。这一修改书稿的过程，其实是学者与村民的两种叙事风格的并置与互动的过程，由此形成的村落民俗志自然会较前丰厚许多。

重要的民俗资料提供者，通常属于村民心目中"会看事""会办事""会说话"的人，经常代表村民向外人表述"村落文化"，其话语当然也会经过其自身的选择、加工而具有个人色彩。我们需要进一步观察，大多数村民会认同他作为村落文化代言人的角色吗？不善于对外人表述的大多数村民，如何评价他的话语？学者的到访，是促成了村民对其话语的接受还是相反？这些都需要格外留心。书后所附"重要民俗资料提供者简介"，意在呈现其个人基本信息，供读者进一步了解与思考。

书后所附的村民文献，与学者所撰写的正文文本形成有趣对比。学者与村民之间，注意点不同，知识储备、思想局限有别，而对村民村事的价值预设也差异明显。比如，围绕同一个村落的民俗志表达，学者所感兴趣的是如何呈现其所理解的"村落"，往往是看了地方志、地图、家谱、碑记等以后，再去跟村民交流，有时候还会事先阅读相关论著。当今学者还会特别看重祠堂、庙宇、信仰仪式、巫婆神汉等，认为这代表了地方文化生态的完整性。对于村民而言，村落则是他们身在其中、终身归属的"家园"。曾记得在2002年，洼子村的几位村落精英接受村委会布置的一项任务，要向外来民俗专家介绍村落文化，他们将之分解成"村志""民俗概况""文化教育概览"三部分，分别撰文描述。显然，他们将"村落文化"理解为历史、民俗与"高层"文化（并视为本村的特色文化）等三大层面，这一分类颇有见地，对于我们今天理解村落及民众心态仍具启发性。

长久以来，中国乡村社会经过反复的礼俗教化，形成了基于农耕经济

① 张笃杰："看了这书，外人还以为洼子村就知道整天烧香拜佛呢！"张笃杰，山东省淄博市淄川区罗村镇洼子村人，长期担任中小学教师、校长，现退休在家。

的社区共享传统，它以乡村公共利益的高度共享来实现乡土社会秩序的长期稳定，以社区节庆、生活礼仪、生产互助、乡规民约、信仰仪式等民俗传统为传承载体，构建起中华文明绵延不断的社会基础，也是支撑当代中国乡村可持续发展的重要文化资源。当代学者应服务当下中国社会发展的现实需求，扎根村落，深入传统，以此为基础提炼研究方法与理论，建构田野研究的中国话语。我们这套丛书愿意在这一学术方向上进行尝试，抛砖引玉。

最后还要说明的是，这套丛书写作时间正值暑期，尽管各位作者都有博士、硕士学位论文的研究基础，但因丛书定位所强调的视角转换，需要大量的补充调查，有的干脆是返工重做。今夏大热，感谢各位作者不避酷暑，按时完成撰写任务。因时间匆遽，本套丛书不尽如人意之处，敬请读者诸君批评指正。

张士闪

2017年8月31日

前言

2003 年 2 月，我跟随山东大学民俗学研究所所长叶涛教授到潍坊，一行十余人进行了为期十余天的田野调查。此行是受潍坊市旅游局委托，服务“潍坊市旅游发展规划”，进一步充实“千里民俗风情旅游线”。记得那是一个严寒的冬天，我踏进昌邑市宋庄镇西小章村村委会的大门，受到村委会马兴堀书记等一班人的热情招待，七八位村中耆老也已等候多时。几句话下来，相互之间仿佛已是无话不谈的故交。稍后，我们被领进古色古香的马氏祠堂，里面存放着他们在年节期间祭祀先祖的“老影”，还有著名的马亮元帅的神主牌位，墙根下是一套竹马器具和一组刀枪棍叉。这些已磨得发亮的老兵器，让在场的每一个人都爱不释手。大家略一鼓动，时年 68 岁的马镇华老人演练了一路祖传刀法，我也绰起一柄大刀舞弄一回算是助兴。大家一阵鼓掌叫好，马镇华老人再一次与我紧紧握手，我们彼此都感到了对方的真诚，我意识到一段真挚的情谊已经开始。也正是从那一刻起，我决定将这里作为田野点写作博士论文，从对一个村落、一种活动、一伙人的关注开始，感受民间生活的自然律动。

瞬间冲动，缔结了我与西小章村的恒久之缘。此后，我每年正月里都会去西小章村“走亲戚”，已有 15 个年头，从未间断。为写作博士论文，我曾连续在西小章村小住，参与村民的节日、劳作、婚礼、葬礼等活动，我甚至拜马镇华老人为师，习练了一阵“马家拳”。我熟悉村内所有的大街小巷，习惯了这里寂静的黄昏和夜晚。西小章村，成为我生命中永远抹不掉的浓墨重彩。

西小章人重视敬祖，四时八节都有仪式。特别是在 1996 年，村民一口气完成了族谱续修、祠堂重建与竹马翻新等三件大事。“三件大事”，既是

对村落传统的延续与强化，又为日后生活奠定了基调。1996 年实在是不平凡的一年，西小章村真是一个独特的村落！

西小章人朴实敦厚，有时候又表现出几分刚烈，这与他们尊重老规矩、推崇实干的群体性格有关。小章竹马是这一集体性格的绝妙载体，是村民长期坚守的、最富生命力的传统。小章竹马的表现形态颇为立体：它有实物，如竹马舞具、旗帜、刀枪棍叉等；有文字记载，如石碑、族谱、老信札、老影等；有表演技艺，如舞、武、乐、戏等；有口头传承，如无比丰富的历代先祖武林轶事、神奇的马亮元帅传说以及诸多神秘的灵验故事等。随着现代城市化进程的加快，各地民间艺术不同程度地出现了严重的传承危机，有的甚至开始衰微，小章竹马却"风景这边独好"，让人不禁感动。

作为潍河东岸的一个村落，西小章村自明初以降就保持着主姓家族村的基本形态。这一带是由潍河自然冲击而成的河汊三角洲地形，利于农耕。村内，各家院落紧密挨傍，村民日常交往密切，人情往来频繁，仪式活动杂多，信息高度共享，在精神生活方面具有村落自给自足的倾向。在近现代社会中，潍河两岸军阀割据，绑匪横行，再加上潍河水情变化莫测，西小章人努力强化家族凝聚力，自保身家。我想，这大概是小章竹马最终成为村落神圣传统的根本原因吧。

当然，小章竹马的艺术形式并不算多么精美，也难为村民带来经济利益。恰恰相反，它从诞生伊始就被定位为西小章村的"母体文化"，努力与这一家族村落的光荣历史以及传统道德对接，强调家族和社区的公益。时至今日，西小章人依然坚守"不请不出马""不演过路戏"等老规矩，为了那份神圣而不惜损失很多现代商业的机会，表现出强烈的文化自信。

每年一度上演的小章竹马，因有艺术的即兴发挥而富有灵性，因有祭祖的仪式设置而呈现神圣，因有公益的社区运作而充满温情。有着竹马传统的西小章村，就成为乡土文化的一方圣土，理应彪炳后世。这本小书，表达了我入村 15 年来的一些观察与感受。相对于西小章村所蕴具的丰富人文内涵而言，该书不免挂一漏万，敬请读者诸君教正。

张士闪

2017 年 8 月

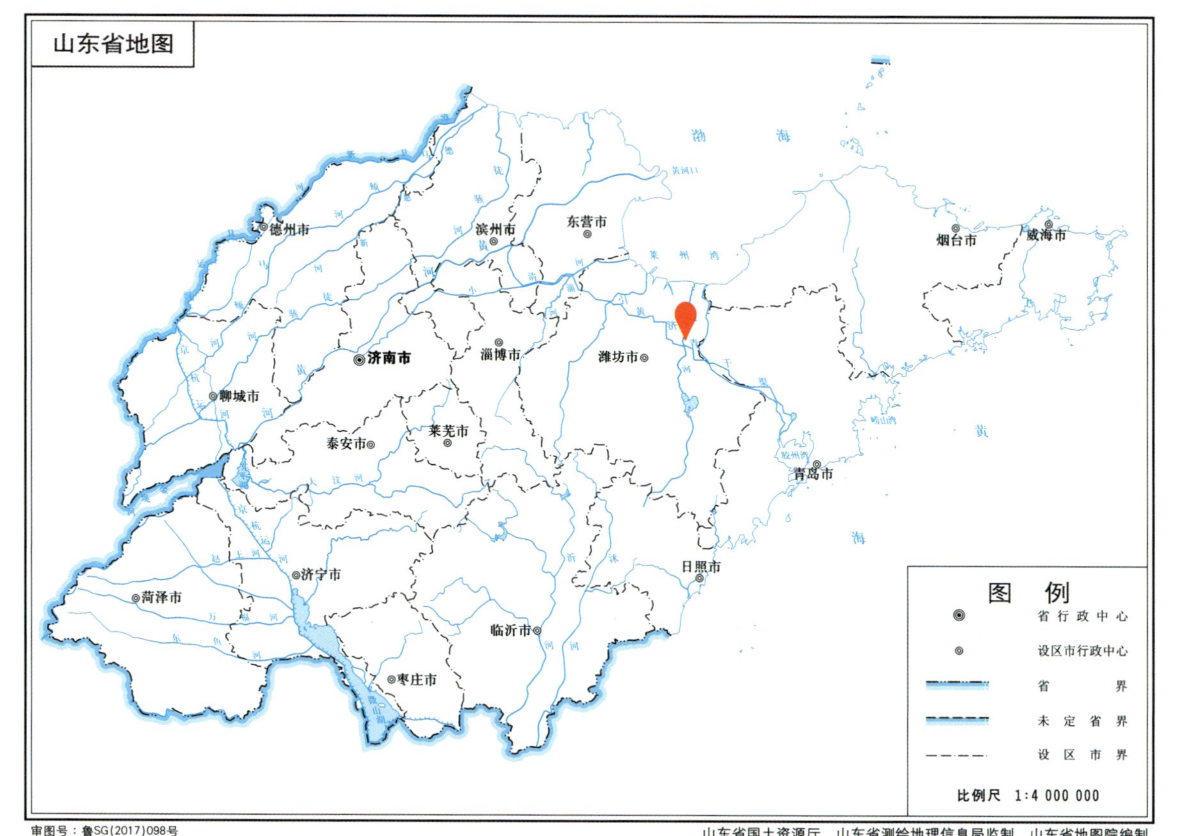

西小章村地理位置示意图

目录

第一章 潍水边的村落

在山东昌邑中部地区，四季分明的自然景观、宜耕宜林的水土资源，造就了村民"日出而作，日落而息"的传统生活。不过，频发的潍河水灾以及虫旱灾情，对村落生活的影响也是很严重的。据文献记载，至少自清代以降，昌邑一带天灾人祸多发，民众生活处于极不稳定的状态。西小章人浓郁的祖先崇拜氛围与村落游艺传统的兴盛，都与此有着密切关联。

一、临河而居

西小章村位于山东省昌邑市中部地区、潍河东岸，属于昌潍平原的一部分。昌邑地区位于山东省中部、山东半岛西北端，在行政区划上隶属潍坊市，处于该市东北部潍河下游地段，地理坐标跨北纬 36°25′～37°08′，东经 119°13′～119°37′。东与莱州、平度以胶莱河为界，南与高密、安丘毗邻，西与潍坊市坊子区、寒亭区相邻，北濒渤海莱州湾。昌邑辖域纵长横窄，中若蜂腰。南北长 75 公里，东西宽处 32.5 公里，窄处仅 7.5 公里，总面积为 1578.7 平方公里，占山东省总面积的 1%。[①] 昌邑素有"胶潍走廊"之称，处山东半岛之要冲，地理位置极为重要。清乾隆五年《莱州府志》载："车马会青莱之道，樯帆通辽

① 参见山东省昌邑县志编纂委员会编写：《昌邑县志》，昌邑县印刷厂 1987 年印刷，第37 页。

碣之津。……三齐之巨邑，海隅之咽喉。"[①]昌邑地区地势低平，河流众多，有大小河流近30条，按河流流向分为三大水系，即潍河水系、胶莱河水系和虞河水系。西小章村处于潍河水系与胶莱河水系之间的"蜂腰"地带，村西1.2公里处即为潍河，东距胶莱河约6公里。

潍河水系示意图[②]

历史上的西小章村，特别适合农业生产与果树林木的种植，这与整个昌邑地区属于暖温带半湿润季风性气候区有着密切关系。这一带年平均气温11.9℃，1月平均气温－3.8℃，7月平均气温25.9℃，年降水量628.7毫米，年平均无霜期187天，年平均日照时数2640.1小时。灾害天气有干旱、干热风、冰雹、暴雨等。昌邑在地质上属于华北地台的东南部，著名的沂沭深大断裂带纵贯南北，将昌邑分为两个构造单元：市区之西属沂沭断裂带与潍坊凹陷区，市区之东是胶北隆起区。从地貌上看，昌邑地处胶莱冲积平原北部，地势自南而北逐渐降低，南部为低山丘陵区，中部为平原区，北部为洼

① 《莱州府志》卷一《形势》，清乾隆五年刻本。
② 底图来源于潍坊新闻网，笔者在此基础上有所修正。

地、海滩。丘陵占全县总面积的24.64%，平原占28.68%，洼地、海滩占46.68%，海岸线长达35公里。[①] 西小章村所在的围子镇属于中部的冲积与洪积平原区，地势平坦，坡降小，海拔6～13米，相对高差仅1～7米。土壤主要为潮土和褐土化潮土，母质为冲击物，发育良好，且地下水源丰富。

对西小章村生态影响最大的莫过于村西紧邻的潍河。潍河古称"潍水"，在清代时为"昌邑八景"之一，全长246公里，流经昌邑境内86公里。

潍河发源于山东莒县北部一带箕屋山、沂山山麓，上游层岭叠嶂，支流众多，每逢大雨滂沱必暴发山洪。洪水往往咆哮直下，破堤毁岸，淹没房屋，吞噬庄稼，给包括昌邑在内的下游人民带来灾难，因而潍河又有"坏河"之称。1751～1907年的156年间，潍河就发生较大决口共11次。当地流传着这样的民谣："开了吴家漫，昌邑淹一半；开了田家湾，淹到三合山；开了小营口，昌邑潍县跟着走(指外出逃荒要饭)。""潍河没有三里直，三十年河东，三十年河西，河水决口哭天地"，描述的正是因潍河决堤、河床改道而导致灾区百姓流离失所、呼天抢地的悲惨情形。潍河东岸边的围子镇葛达子村有一块元代石碑，上刻有"西至潍河十五里"的字样，说明元朝时潍河还在昌邑城西7.5公里左右，而现在却跑到了城东3.5公里以外，可见河道的摆动幅度之大。另据清乾隆《昌邑县志》记载："潍水……康熙五十八年，水忽东徙，弃故道十余里，取径直下，形势遂失其旧。"[②]地方文人对此也多有题咏，将潍河灾后的生活惨状描述得淋漓尽致。

潍　涨[③]

陈之枌

潍水来琅邪，啮我青石足。
怒波挟秋涛，树杪飞白玉。
日暮争海峤，浪滚云天绿。
古岸碧烟起，物物受惨酷。
苍茫晚渡愁，不辨小溪曲。

---

① 参见山东省昌邑县志编纂委员会编：《昌邑县志》，第49～68页。
② 《昌邑县志》卷一《疆域》，清乾隆七年刊本。
③ 《昌邑县志》卷八《艺文志》，清乾隆七年刊本。

潍决有感[①]

李肇林

我生良非地，潍河居上游。
漂溺如有待，食息视蜉蝣。
故业苦难移，年年虑在秋。
胡为五月中，霪雨肆处刘。
二麦半场野，耳生满穗头。
锄禾草不死，蔓引一何稠。
千钱佣一工，难供无厌求。
弃之惜前劳，弗弃力不赒。
艰苦万不辞，将来冀有收。
谁堪河伯怒，驱浪若奔牛。
堤散黄涛影，湍漩绿草沟。
登城望我私，茫茫付一流。
徒存砥柱树，仅见涣中邱。
居民乘危聚，为巢让拙鸠。
丁男多水立，未甘余木浮。
妻子席擎雨，不殊麑与麀。
连屋成漂沫，岩城寄泛沤。
势阔人民恐，声吹鬼神愁。
阴气笼余涨，风涛怒未休。
对众长太息，悲语共啾啾。
纵然全性命，饥寒谁代谋。
常恐雪霜至，委作沟中髅。

西小章村在其周围一带属于大村，当地村民有“大章不大，小章不小”之说。据2015年统计，全村有422户、1514人。根据马晓晨主编《昌邑县地名志》载录，1987年该村有370户、1505人。在近30年间，人口数量基本保持稳定，仅增加9人，家庭户数则增加了52户，反映出这一带计划生育政策的

① 《昌邑县志》卷八《艺文志》，清乾隆七年刊本。

持续有效与乡村小家庭类型的渐趋普及。西小章村人均占有耕地面积约1.2亩，传统上春种小麦、秋种玉米。近年来，姜、土豆成为村民种植的重要作物，花生也有一定产量。村里水源相当充足，地下不到10米便能打出水来，自然条件良好。该村有种植果树的传统，主要树种是苹果树、梨树。20世纪80年代，村集体副业非常发达，村外200亩果园曾为该村带来很大的声誉。本村现有生态林80多亩，并在村西与村南潍河沿岸一带征地30多亩植树，计划用于扩大林木种植面积。20年前，村民曾普遍养猪，村里还有不少养鸡专业户，养殖数量多者达七八千只，现在只有几个养殖户。村集体曾有一家翻砂厂、一家纺织厂，后来都转为村民个体经营，除雇用本村劳动力外，不少外地人也来打工，主要来自云南、贵州或本省的临沂地区。不过，上述两厂近年来经营状况不好，目前已处于半营业状态。村民有外出打工的情形，但数量较少。据村委会领导介绍，2004年全村人均收入在4600元以上。

村办小学在村东南角，现已撤销，村里孩子要去围子镇上小学和中学，距离最近的高中则是昌邑市文山中学。上小学要交纳少许杂费，初中生一年花费则超过1000元。村里有幼儿园，俗称“育红班”。将幼童送进“育红班”，不管午饭一年花费800元，管午饭的话钱数略有增加。也有少量村民将孩子送往昌邑市“育红班”的，一年交费3000元，中午一律管饭。村民普遍把孩子送“育红班”，几乎所有的孩子都有在“育红班”学习的经历。20世纪70年代，本村曾建有养老院，但不出10年就撤销了。村里除极少数有过公职的老人享有退休金之外，绝大部分老人要依靠儿女赡养。

村落的大致方位如下：村东依次为永大路、夏小路，并与东小章村、宋庄村①相邻；村北有王珂村；村西有小章西荒村②，距离潍河不足1.5公里；村南临引黄济清河(灌渠)。如下图：

① 宋庄村又分为宋东、宋西两个自然村，共有130户马姓人家，与西小章马家人属于同一家族。

② 小章西荒村70多户都姓马，与西小章马姓人家属于同一家族。

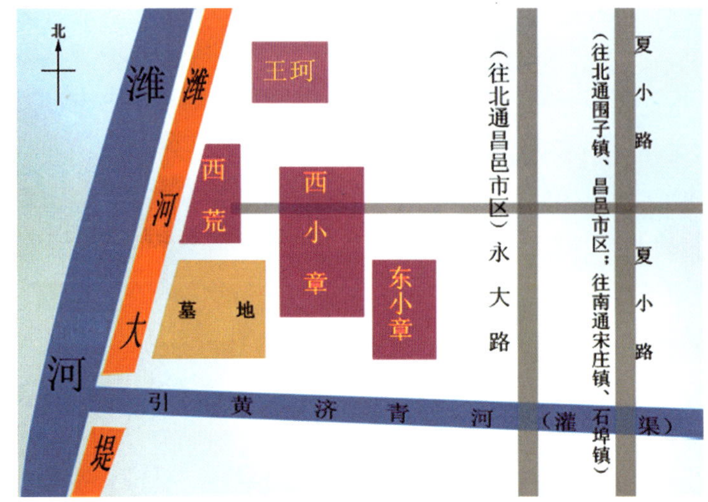

西小章村方位示意图

二、主姓家族村

西小章村为主姓家族村，马氏家族的人口和户数约占全村总人口和户数的95%，另有付、张、李、吴、梁、隋、丁、朱等各姓，约占5%。西小章村这些外姓家族，都是因投亲、随母改嫁或招养老女婿等原因而定居该村的。

关于西小章村的历史，《昌邑县地名志》在“东小章”词条下有这样的记载：

> 古称桑泉、当迁。原名小章。在宋庄西北2.5公里，潍河东侧。明朝建村，因其地有桑树、泉水，村名桑泉。相传，隆庆二年(1568年)何家湾何进士，预见潍河将决口，劝告乡民迁居此处，众未随从，独与其孙迁移此地。次日，潍河果决，原村冲没。后改名当迁。清乾隆年间始称小章。为与西小章区别，改今名……①

不过，村民对上述说法并不完全认同。颇有见识的西小章村村民马炳辉对此另有一番说法：

① 山东省昌邑县地名志编纂委员会编：《昌邑县地名志》，山东新华印刷厂潍坊厂1987年印刷，第230～231页。

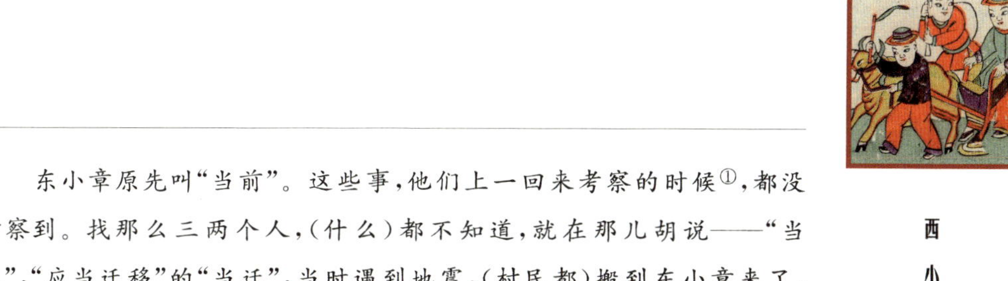

东小章原先叫“当前”。这些事,他们上一回来考察的时候[①],都没考察到。找那么三两个人,(什么)都不知道,就在那儿胡说——“当迁”,“应当迁移”的“当迁”,当时遇到地震,(村民都)搬到东小章来了。他们就根据这个说“当迁”——应当迁移,这是错误的。实际上是“当前”,是“正当前”的意思,因为它在庙的正当前。那时村里有个东岳庙,就几户人家,就在庙的正当前。东岳庙在咱的村后头,也就是村北。人说:“先有庙,后有村。”俺那谱上就这么记着:前头正冲着东岳庙前。因为人家东小章来得早,它那儿就叫了个“当前”。咱虽然来得晚,可以说都是在当前。两个村很近便,但不大往来,从来就不算一个庄。

用老一辈传下来的话说:“先有当前,后有小章。”当时有人见着一块碑,碑上刻着“当前”,它就是东岳庙当前。当前早归早,但原先东小章土著的老居户早就走了,绝了。现在东小章这些住户来得比俺还晚得多,最早的是清朝初年来的。据说是因明朝隆庆三年发大水把这里冲了,然后他们就过来了。原先那些姓高的、姓杨的都绝户了。现在东小章村里主要是姓何,他们按照习惯说法又是高家崖子、杨家胡同什么的[②],现在已经没有这些姓氏的人了,就光有这些名字传下来。[③]

按照西小章人的说法,明初家族的始迁祖马原迁来时,这一带叫作“当前村”,并以《马氏族谱·始修谱序》为证:“我始祖于明初卜芙蓉郡崇德乡东岳庙前而寄居焉。”但也有村民认为是“当铺前”的“当前”之意,说法并不一致。[④] 东岳庙旧址在哪儿,现已无人知晓。此外,村民从没听说过“桑泉村”的说法,认为可能是“桑前村”的谐音,但也只是个说法而已,目前尚无更多的资料支撑。

西小章人普遍认可的说法是:东小章村与西小章村原先是一个村,两村分开之前,都属于“小章村”。在晚清时期,负责督办三府团练的清军将领傅振邦为剿除捻军,在这一带修建围子墙,修了东围子、西围子,原先的一村遂变为两村。据说,当初是东小章人主动要求将当时的小章庄修成两道围墙的:

① 指1987年昌邑县地名志编纂委员会为编写《昌邑县地名志》而派人前来调查一事。

② 东小章村内地名。

③ 马炳辉,男,西小章村人。访谈时间:2003年11月22日。

④ 马炳盛:“我小时候听老人们说过,东小章那边有一条沟,还对着一个当铺。”马炳盛,男,西小章村人。访谈时间:2003年11月22日。另在东小章村,也有不少老人赞同这一说法。

清朝咸丰年间东、西小章才分开。南边的捻军打过来，赖文光、牛宏升、任柱这些人都很厉害。县志上记载，傅振邦督办三府团练抵抗捻军，每个村庄都在修造围子墙。虽然上边要求修筑一个围墙，但是两个村子商量不妥，东小章要求修成两个，可能是从分摊的劳力和工程量考虑。咱们这个村无所谓，是从大局考虑，不过既然他们要求修成两个也无所谓。当时西小章是马怀孔领着大家修的，上边也不拨钱，自己出工出力，占了谁的地算谁倒霉。东、西小章都修了自己的围墙，这两个村庄就以一墙之隔分开了。现在两个村还有很紧密的交往。后来又有了二大章、三大章，那不是从大章分出来的，是后来的移民为了提高知名度，才起了这样的名字。

"东围子"的叫法比起东小章早多了。一开始，在这里住着些土著居民，俺那老祖宗来了以后，就叫"小章"。结果呢，那个"当前"没发展起来，俺这个村发展大了，小章知名度高，慢慢地他们也就自动跟着叫"小章"了。但这个时候小章并不分东、西，东、西小章是从傅振邦那时候，也就是在清朝末年开始分开的。东围子、西围子，就是东小章、西小章分开的标志。西小章有几户原来在东小章住，东小章有几户原来在西小章住，他们的墓茔都在咱这里。①

当时修筑的围墙现已不见一点遗迹，但这一带有些老人习惯上还把两村称作"东围子""西围子"。②

除此以外，西小章人关于其村名由来的说法还有如下两种：其一，当年有章姓兄弟二人，在此垦荒种地。后来，老大一家定居在离西小章村 6 公里外的大章村，老二住在小章村。现在，在西小章村东不到 1 公里处，仍有章好地、章北地两个地块，老一辈村民认为这与当年章姓兄弟二人曾在此垦荒种地有关。然而，在东小章村、西小章村与小章西荒村这 3 个自然村中，从未听说有过姓章的住户，这让村民对老一辈传下来的上述说法深感疑惑。其二，村民传说元末明初徐达带兵征伐山东，曾将"大帐"设在今大章村一带，将"小帐"设在今西小章村一带，后讹传为"大章""小章"。最被认可的说法是第

① 马炳辉，男，西小章村人。访谈时间：2003 年 11 月 22 日。

② 马镇华："对远处的人我们说小章，对外人我们说东小章、西小章，但在家里就说顺了嘴，张口就说东围子、西围子。"马镇华，男，西小章村人。访谈时间：2004 年 11 月 24 日。

一种，即村名由来与原居民章姓人家有关。其实，关于村名的种种说法，在村民实际生活中并没有那么重要，只是村民茶余饭后的谈资罢了。

在西小章村周边5公里的范围内，有东小章、小章西荒、大大章、二大章、三大章等村落。其中，小章西荒村距离潍河最近，与西小章村同属一个村委会管辖，关系较为密切。1912年，潍河决堤，淹没了整个西小章村，村里少数村民搬到了距离潍河更近又恰好淹不着的一块坡地上定居，由此形成了小章西荒这一“村外村”：

发大水的时候，是冲着现在的龙王庙那个方向去的，西荒那一片正好避开了大水。小章西荒与西小章属于同一个村民委员会。耕地420亩，产小麦、玉米、花生和蔬菜。

1912年发大水，村里房子倒了很多，很多人就搬到了小章西荒。现有70多户、230口人。他们和小章村民待遇一样，都是马家人，他们都是以前的七队，现在的七组，也有大支的，也有二支的。竹马表演要去小章西荒。①

三、灾乱记忆

太平时节，西小章村在昌邑地区属于相对富庶的村落，地貌与气候环境均佳，生存条件良好。该村地处由潍河自然冲积而成的河汊三角平原地带，地下水资源较为丰富：

俺这村后头，打井就要20多米深，咱这一块也就八九米。东边宋庄就不行，没有水，到了庄子后头就打不出井来。俺这庄原先奇好呀！老头子当初真是选了个风水宝地！②

由村西至潍河，在自然淤积而成的大片荒地上，曾经生长着松树、白杨、香椿树、柳树、槐树等自然野生林木，绵延数里。正因为此，西小章人喜欢夸说村落的繁华历史。比如在20世纪二三十年代，只有一百五六十户的西小章村，却拥有100多架铁瓦车。直到20世纪70年代，这一数据依然让人羡慕不已。

① 马炳辉，男，西小章村人。访谈时间：2004年11月24日。
② 马炳辉，男，西小章村人。访谈时间：2004年11月24日。

一旦到了灾乱年头，这一切就迥然不同了。潍河水灾，兵荒马乱，都会将个人及家庭置于一种渺小的、无奈的境况，富贵之家往往在一夜之间就变得一贫如洗。这些残酷的生活现实，使得村民只能投向村落或家族集体的怀抱，以地缘、血缘或业缘为基础，努力寻找可资利用的物质资源与文化资源，以形成比较紧密的联结纽带或相对固定的组织系统。

(一)1912 年水灾

1912 年，在西小章人记忆中占有特殊位置。这一年 9 月间，潍河连涨大水，最后决堤，淹没了东岸的许多地方，西小章村便是其中之一。淤沙覆没原有的植被，土地沙化，庄稼因之减产或绝产，极大地恶化了西小章人的生存条件。对这场浩大水灾过后的生活状况，西小章人有许多很形象的说法。如当时由于土地沙化而导致庄稼连年减产或绝产，村民说“场院里十年不动碌碡”。洪水过后，地面上凸起一个个沙埠，最大的沙埠横亘在村东，长约 1000 米，宽约 300 米，直到 20 世纪 60 年代还存在，使得西小章村交通极为不便，村民形容为“三头骡子拉不动一辆空车”。更让西小章人难以忍受的是，这里常年风沙弥漫，被周边村民调侃为“西小章人一年多吃两个大墼[①]”。

伴随这场灾难的是当地社会秩序的失控。在地方文献资料中，有这样一些记述：

其一，“隔河找地”与“隔河不找地”。历史上，潍河常年泛滥，河床不定，可谓“十年河东，十年河西”。每当潍河决堤，便是新一轮的冲坝淤滩，毁地造地。隔河找地，往往引起纠纷。有一年，河西王庄一户人家，因潍河决堤后大块地段被隔在河东，但仍有两间屋为证，就安排家人住宿看管。河东村民为争夺这块土地，竟将这两间屋焚毁，并杀人灭口。结果官司打了数年，这桩命案最终不了了之。“隔河找地”本属人之常情，但却酿成命案。昌、潍两地的知县出面协商，最后决定以一种民间俗约的形式来控制这类冲突——“隔河不找地”，并以告示遍谕乡民。

其二，由潍河决口引起的械斗。历年来，伏讯期间，河水汹涌，汪洋一片，两岸村民都怕对方越河扒坝，嫁祸于人。谁都知道，决口的一方将生灵

① 墼：当地方言，土坯。

涂炭，另一方则由此解除惊险万分的水警，过后还将受到“隔河不找地”的规则的保护而受益不菲。因此，越是暴雨之夜，两岸村民越是紧绷神经，他们手执灯笼、火把看堤护堤，时不时地鸣锣警戒，鸣枪示威。双方隔河遥相呼叫，警告着，咒骂着，互不相让，剑拔弩张。光绪年间，田家湾决口，淹了东乡100多个村子。有传闻说“金台李家，扒堤累煞”，暗指对岸金台村李姓人家扒堤开流。于是，东乡的100余村联合起来闯到金台村兴师问罪，双方展开一场械斗，金台人甚至动用了抬枪土炮。械斗结束后，双方又打了多年的官司，久难平息。

其三，“有理的大街，无理的河崖”。旧时的困苦生活，再加上因潍河水灾造成的长年不断的两岸冲突，使得传统伦理道德观念在这一带影响有限。这主要表现在：一是潍河两岸极易发生纠纷冲突。昌、潍两地，一河之隔，亲戚之间时相往来，夏日伏讯期间多乘船过往，划船者一般要赤身裸体地下河蹚水。若有妇女乘船过河，有些人会故意杂言调笑，引起双方詈骂，甚至打架混战，过后再寻衅复仇，形成恶性循环。二是过去生活穷困，生活资料有限，往往会由此引发种种争斗，乃至酿成血案。如潍河岸边精心种植的腊权常常在一夜之间被人劈作烧柴，看树人夜间被砍死的情形也一再发生。三是日常生活中的道德失范与秩序失控容易出现逼良为匪的现象。河崖上树林茂密，易于藏身，应付官府绰绰有余，许多家户遂亦民亦匪。李雪村老人回忆说：“河两岸近村，干土匪者较多。”①

这种由自然气候的变幻莫测造成的不同家户、不同村落在地界空间方面的纠葛，官司难断，民间调解也大有难度，于是“八仙过海，各显其能”也就是顺理成章的事。诉诸或明或暗的武力，以求得比较有利的生存处境，就成为很多人的选择。这种区域之间的冲突，有时会成为一种连锁反应式的世仇还报。濒临潍河的西小章村，作为这一带相对富裕的村落，就会借助现有的各种资源以维护现有秩序，包括政治资源、经济资源、文化资源等。西小章村马氏家族凝聚力强，出门在外有紧密抱团的传统，在这一带是有名的。西小章人对此感到自豪，认为这是“老一辈传下来的老规矩”。

① 参见李雪村：《潍河的风波》，载昌邑市政协文史资料研究委员会编：《昌邑文史资料》第9辑，昌邑市报社印刷所1999年印刷，第107～113页。

(二)捻军过境

孩子孩子你别哭,
过了年来你长毛叔,
把那富人都杀尽,
让咱穷人享点儿福。
不吃黄蓿、榆树皮,
光吃麦子和黍谷……

这是100多年前流传于昌邑地区的一首儿歌。“长毛”,是当地人对捻军的俗称。西小章人对捻军的记忆是复杂的:有时把他们描绘成天不怕地不怕的好汉,所到之处给贫苦百姓带来生活的希望;有时又将他们说成是到处要粮要钱、骚扰村民生活、杀人不眨眼的暴匪。但总的来说,捻军是西小章人悠久历史生活中的一群匆匆过客,曾经与村民有过近距离的接触,留下些许谈资与谣谚。

捻军是太平天国后期一支主要的反清农民起义军。天京陷落以后,太平军遵王赖文光率余部转战中原,同其他捻军队伍会合后被推为首领。在清咸丰十一年(1861年)至同治六年(1867年)之间,张洛行、赖文光等曾率捻军大队人马,三过昌邑,与清军进行了殊死决战。尽管捻军提出了“拯救百姓,除奸诛暴”等口号,但因为需要大量给养,仍然难以避免与民团乡勇组织和“不明真相”的民众之间发生了多次激烈冲突。如在清咸丰十一年(1861年)二月二十二日,捻军路经昌邑南部塔耳堡、丈岭、北孟、岞山一带,与北孟、南孟、丈岭、新庄、辉村、日戈庄等村民组织激战多日。最后捻军凭借优势兵力和丰富的战斗经验获得胜利,杀死当地民众百余人。然而,这些战斗又进一步加剧了来自外境的捻军与当地民众组织的矛盾。此时,正在昌邑虫埠老家养伤的原云南提督傅振邦领受清廷之命出山平捻,并最终对捻军与清军在昌邑的战局起到了关键作用。在1987年编印的《昌邑县志》中有对傅振邦的介绍,我们将其生平节录于下:

傅振邦(1814～1883),字维屏,号梅村,出身武门,7岁读经书,10岁习骑射,20岁中武举,22岁中武进士。他一生忠于清廷,曾因镇压太平天国等农民起义军而被皇室诰封为“健威”将军,并赐满名“绰克托巴图

鲁勇”。清咸丰二年(1852 年)被授予桂林游击衔,随广西提督向荣镇压太平义军,纵横 11 省,杀人无数,清廷称其为常胜将军,赐顶戴花翎。1853 年,傅振邦率部赴南京,攻占太平军城东据点数处,为建立清军“江南大营”立下汗马功劳。1855 年,张洛行率捻军攻打徐州,击败清军,傅振邦临时赴命任徐州镇总兵,即率兵攻打捻军防地,杀死捻军首领纪学中、李天伦等多人。1859 年,傅振邦督办鄂豫皖三省剿捻事宜,并帮办钦差大臣胜保军事。他曾在作战不利时,下马坐地以示必死决心,坚定士兵趋前死战的意志。1860 年,因平捻有功,被任命为云南都督。①

1861 年,清朝廷重新起用傅振邦,命他督办昌邑一带民团,兼督登、莱、青三府。傅振邦与昌邑县令聂莹思重布防务,纠集乡绅、团练、民勇及各地百姓在各大村筑圩,用土或砖石垒成围庄高墙,上架铁蒺藜、鹿砦,坚壁清野。他们还采取几家联防、层层具结的办法,日夜护圩,举报缉捕可疑分子,防范捻军渗透。傅振邦又在各村征拔青壮劳力,组办民团,铸炮、造枪,昼夜训练团勇战法。这一布防措施隔断了捻军与村落之间的联系,使得捻军的流动作战战术受到阻遏,捻军得不到兵源与粮草的及时供应与补充,处于一种被动挨打的损耗状态。一般认为,东捻军在昌邑的失败与此有很大关系。②

西小章人对捻军的记忆,除了傅振邦督办民团修围子,原小章庄由此一分为二,马氏家族得以单独立村之外,还有两个与村民生活联系更为密切的传说。在这两个传说中,西小章人对捻军的看法是截然相反的:

其一,关于竹马队中“头刀”来历的传说。据说,曾经有一小队捻军前来村里催粮,因为村民都不愿交纳,他们便杀一儆百,当场杀死了一名西小章人。在场的村民被激怒了,立时绰起身边的家伙一拥而上。西小章人自古就有练武的传统,凡是男子都精通武术。这一小队捻军自然招架不住,且战且退,结果村民在村外将其追上,砍翻其中的两个,夺下一柄大刀。按照村民马镇华的说法,这一事件的关键之处在于对方不该出手杀人:

老百姓穷,不愿意往外拿粮食,你打他几下子不要紧,你照着他的头打耳刮子都不要紧,吓唬吓唬,说不定他就害了怕,就往外拿粮食了。你一杀人,一切就全变了!人命关天,老百姓见不得血,一见有了人命

① 参见山东省昌邑县志编纂委员会:《昌邑县志》,第 769～770 页。

② 参见王蔚成主编:《昌邑文化博览》,齐鲁书社 2000 年版,第 50～53 页。

血案,他就不要命地往前冲,也不管那王法不王法的了!①

现在,这柄高约1.8米、刀口已经卷刃的大刀,每每在该村竹马表演时处于武术队的先发位置即“头刀”,村民视其为神刀,因为它“杀过人,见过血”。

其二,“天生神力马廷赞”的故事。清咸丰十一年(1861年)二月,捻军将领张洛行率起义军初入昌邑境内,连续攻占北孟、日戈庄等村镇。借此机会,上台村人白云彩与南逄乡榆林子村史司敬,仓街村于家部、于敏政,龙池乡岱邱村迟永可,陈家庄韩延令等几位乡团首领秘密串联,推举白云彩为领兵大元帅,想要趁捻军到来之际,里应外合,举义反清。他们决定于咸丰十一年(1861年)二月十一日在王耨村金鼎山起义,并在县城贴出“起手先杀三耳贼”(指昌邑县令聂莹思)的标语。然而,各路义军因滂沱大雨没有按时到达,起义活动只好推迟。金鼎山起义之事被泄密,县令聂莹思大为惊恐,遂与傅振邦密谋诱杀白云彩等义军首领。十月八日,傅振邦以置酒为名,将白云彩等骗至县署,令程楠森将其杀害,起义遂告失败。②

在西小章村流传的故事是,村民马廷赞与好友到昌邑赶集,正碰上白云彩打着“剿捻办团”的旗号当街招兵练兵。他们二人一时技痒,上台表演,展示出一身惊人气力与娴熟武艺,白云彩大为赏识,遂封他俩作镇殿将军。后来,白云彩拥捻反清,很快失败,二人在外逃亡了一年多才敢回村。在这一故事中,西小章人最感兴趣的是二人的天生神力以及他们所练“马家拳”的高超技艺与过人胆识。在村民心目中,马廷赞、白云彩等都是敢作敢为的英雄好汉,他们未能联手干成一番大事而令村民感到遗憾。至于他俩是助清剿捻,还是反清助捻,村民倒不甚关心。

(三)竹马英雄

西小章人一般用发生在他们身边的生活事件来记忆历史,否则即使是惊天大事,也容易将其隔离在记忆之外。比如,让他们记住1912年这一年度的,绝不是中华民国成立或辛亥革命成功,而是潍河决堤淹没西小章村的惨痛经历,以及本村竹马表演传统的中断。同样,让他们记住1928年的,是西

---

① 马镇华,男,西小章村人。访谈时间:2003年12月30日。

② 参见王蔚成主编:《昌邑文化博览》,第52页。关于晚清时期捻军在昌邑的具体活动,可参见《昌邑县续志》卷七《兵燹》,清光绪三十三年刻本。

小章村竹马活动的复兴，而非北伐军进入北京、国民党宣布统一北方等军国大事。村民经常由这些历史记忆，引发关于当时村落生活的种种评价：

> 竹马整整断了 16 年，整整一代人。一直到 1928 年，马克绪才又领着跑开了竹马。因为已经断了多年了，大家也都是凭着印象跑跑，武术、唱腔肯定得失传一些。俺这里分大支下、二支下，大支下土地多，净(是)东坡地；二支下净(是)西南坡地，沙多，所以主要是大支下在学。让孩子学武术，老头子们那时候也不是为了旁的目的，就是为了(让孩子)别当小偷，别赌钱。所以很多人都是家里老头子硬着送去练的。①

在村民记忆中，1928 年的西小章村，很多家庭(特别是大支下)已经非常富庶。当时潍河两岸赌博之风盛行，年轻人结伙打劫成风，生活放荡不羁。西小章人担心家族子弟沾染这些不良习气，规定全族青少年农闲时必须到祠堂习武，认为这算“有个正经事干”，为的是“别闲出事来”。同时，考虑到当时社会动荡，西小章人就以复兴家族传统的名义恢复了竹马表演，强化其中的武术训练成分，建立起一支准武装组织，聚族保家。

1928 年至 20 世纪 50 年代的确是当地社会动荡不安的一个时期。20 世纪三四十年代西小章村竹马队“刀劈龙头”的故事，是村民特别喜欢讲述的。某年正月，西小章村竹马队按照惯例到宋庄表演，与当时的国民党四纵队司令王豫民麾下便衣连的龙灯队在路上撞了个对面，双方互不让路，最后闹僵了。王豫民的亲信掏出短枪来示威，这下子把竹马队的青年惹火了。村民马德璋持刀向前，一刀砍落龙灯队的“龙头”。于是两下里交上了手，龙灯队被打得大败而逃。据村民说，后来王豫民想报复，但又见西小章村武术精湛，全村青壮年都能打善斗，不怕死，恐将事情闹大不好收场，于是把西小章村马氏家族的族长请去喝酒，相互赔了不是，缓解了矛盾，“刀劈龙头”之事也就不了了之。②

当时四纵队正驻兵昌邑，担任四纵队少将司令的王豫民同时兼任山东第十七区行政督察专员兼昌邑县长，是该地区的最高权威。饶是如此，西小

① 马炳辉，男，西小章村人。访谈时间：2003 年 12 月 30 日。

② 参见王云峰：《昌邑小章竹马》，载山东省文化厅史志办公室、潍坊市文化局史志办公室编：《山东省文化艺术志资料汇编》第 8 辑《潍坊市〈文化志〉资料专辑》，中国人民解放军 87373 部队印刷厂 1985 年印刷，第 181～187 页。

章村竹马队依然坚持“小章竹马不躲道”的老规矩，无所畏惧，敢于挑战。村民在描述这一事件时很是自豪，对于先辈豪迈气概无比神往，而对于这支四纵队到底是怎么回事，其实并不清楚，也不大在意：

马镇华：咱竹马有一次和土匪——也就是游击队——两下里打起来了。

马炳辉：是和四纵队交手，王豫民的四纵队，王司令嘛，这里老百姓习惯上称作“游击队”。

马镇华：游击队一开始是抗日的，但不是共产党的游击队。他们和八路谁也理不着谁，互相不打，各走各的路。村里×××的儿就在里边。①

当时的情况是，国、共、日、伪多支军事力量杂处于昌邑一带，各派之间或联合，或冲突，都曾有过多次反复。西小章人对这一特殊时期的集体记忆也就呈现出某种混杂的特征。其实，西小章村与这支四纵队的联系也非常密切，不少村民就曾在王豫民的四纵队当过兵。马镇华的父亲马占池，当年曾担任国民党昌邑县保安大队副司令，而王豫民则兼任保安大队司令。王豫民曾在昌邑四维中学当过校长，是马占池念书时的业师。王豫民在西小章村一向有着较好的口碑：打过日本人，甚至曾用智谋从日本人手里救出了原四纵队司令王尚志，而且从来不打共产党、八路军，是个很明白事理的人。当然更重要的是，他曾多次提拔重用西小章人做官。显然，西小章人对这一战乱时期的记忆，是以家族和村落为本位的。

马炳辉：后来王豫民还把他（王尚志）救出来了，是骗了日本人才从那里把他救出来的。日本人同意收编四纵队，谁都有位置（编制），就是没有王豫民的名。救王尚志的时候，还安排唱着戏，就把日本人围起来了，同时还拿下了3个大据点。王豫民就没和八路交过兵。

马镇华：那（王豫民）是个善人，不朝八路打一枪一炮。有一次，我在高密碰上了这种情况——那时我9岁——真的不打一枪一炮。②

---

① 马炳辉，男，西小章村人。马镇华，男，西小章村人。访谈时间：2003年12月30日。

② 马炳辉，男，西小章村人。马镇华，男，西小章村人。访谈时间：2003年12月30日。

四、关于绑匪的记忆

清末的行政改革和地方自治的推行，为地方军阀的滋生提供了土壤。任何一支有点规模的军队，都可以利用现成的、延伸到县以下的政权网络，为其征粮征税，提供军饷。军阀政治变数较大，使得地方社会秩序难以得到真正的控制，从而呈现出动荡不安的社会态势。特别是在20世纪三四十年代的昌邑，各种军事力量犬牙交错，绑匪一度横行，几不可遏。西小章村经历了1912年那场潍河水灾之后，经过20余年的经济恢复，又成为这一带有名的富裕村，村里大户多，自然也就成为绑匪们紧盯的目标。此时，西小章人祖传的武术就派上了大用场。

据说，这在西小章村西边那片茂密的树林里，常有土匪出没。那片树林占地面积较大，生人难辨路径，很容易困在其中，据说连当时的日本军队也不敢进去。村南不足10公里的地面，有威震整个昌邑地区的金台村"李家班"。他们是这一带的"明匪"，公开地抢劫、绑票，但从不敢打西小章人的主意。因为在双方或明或暗的多次比武较量中，李家班从来占不着丝毫便宜，他们对西小章村的祖传武术很是忌惮。

> 那个金台李家班都是土匪。李家班不是戏班子，是兄弟班、土匪档子，专门砸杠子，谁都不放过，没人敢招惹他。
>
> 李家班那时候不是兴绑票嘛。到处绑票、截劫、砸杠子，就是不敢惹西小章。金台离这儿有20里……那个李老将，是姓李的开山祖师。李老将协助清朝有了功，被封了个山西太原府总兵，但是没上任。慢慢地，他家里人就成了一霸。但(他)就是不敢招惹小章，(因为)俺这老一辈武功都相当好。有一次，马汉启正在河崖底下看树，躺在床上，李家班去招惹他。屋山墙上有个小四方孔，小窗户，没看清咋回事，他就从这小窗户平着窜出去了。李家班一看，太厉害了，就赶紧溜了。他们不是胡作非为嘛，他们到处偷盗截劫，和土匪没什么两样。①
>
> 就是俺老头子马汉启，一气把他(李家班)打服了。第一次比试时

① 马炳辉，男，西小章村人。访谈时间：2003年12月30日。

他(马汉启)拿着鞭,李家班拿他没办法。第二次见他拿着个弹棉花的弓弦,弦是用牛皮做的,李家班又想来试他,拿着耙子卜卜楞楞来戳击他,照样没用。[①]

然而,还有更多不知名的土匪团伙,让人防不胜防。村里马德璋、马泮明等都曾被绑过票,其中马德璋曾被绑匪用黑布蒙上双眼,用石蜡油灌塞两耳,为的是让他难以辨识绑匪巢穴的方位,他的耳朵因此致聋。当时昌邑地带有"青洪帮"的一个支派——"家里会",势力很大,在当地民间社会中多有渗透。西小章村的马月梗是家里会的五老头子,村里出了绑票的事就找他出面解决。

村里的"活财神"马岳岱就差点被绑票。在西小章人的记忆中,马岳岱是这样一副"活宝"形象:文化水平很低,不仅不识字,而且不识数;钱多,多得谁也不知道他有多少钱,连他自己也不知道;他属于那种憨而有福的"财神",干什么都赚钱,凡事总能逢凶化吉、遇难呈祥。当时他在整个昌邑地区也算赫赫有名的大财主,钱多得能左右昌邑银市的银价。过去昌邑有两个银子买卖市场,一个是柳疃,另一个是密城。密城是位于西小章东北约7公里处的一个商业中心,马岳岱常到那里闲逛。密城经营银子买卖的商家有个不成文的规矩:"马岳岱不到,银子市不开。"倘若在马岳岱未到却有商家做起银子买卖,他定让你赔个厉害:见你开价偏高,他便大量抛售银子;见你开价偏低,无论你有多少银子,他都统统收购。据说,因为家里银子太多,怕受潮,所以他要经常晒银子。晒银子时,一进一出他都要亲自清点,看上去极为仔细,但他其实是不识数的,他统计银子数目的办法是光计单双,不计总数。也就是说,有人偷拿一个银元他知道,偷拿两个他反而察觉不出。儿媳妇们知道他这个特点,就经常趁他晒银子的时候来偷。儿子分家的时候,他嫌计数麻烦,就让管家用大抬筐分银子。西小章人还经常用这样一个故事来形容他经营的买卖之多:有一次,他在家跟老婆拌嘴斗气,一口气跑到村北约30公里的下营港,在他开办的粮行里住了一段时间,亲自去辽东半岛做粮食生意。结果,在他负气出走的一路上,到处都有欠债者向他还钱,他的日子过得很是滋润。

---

① 马镇华,男,西小章村人。访谈时间:2003年12月30日。

这样一个人，在当时成为绑匪的目标是再自然不过的事。有一次，一伙土匪集聚在西小章村外，打算对马岳岱下手。两个打前站的悄悄摸进村里，一路打听着来找他。后来双方在街头撞见，两个土匪向他打听马岳岱在哪儿，马岳岱表示自己就是。两个土匪见他一身老农民打扮，压根儿就不相信他是个大财主，轻蔑地扫了他一眼，将他一把推开，继续忙活自己的"正事"去了，结果让马岳岱躲过了一劫。

五、乱世能人

越是在兵荒马乱的年头，村落中就越是需要能保一方太平的能人。西小章村就有这样一位"好汉护四邻"的能人——马继禹，至今仍为村民津津乐道。据说，他曾担任过区长或社长之类的基层行政职务。但到底是区长还是社长，抑或兼任二职，村民马炳辉虽作过一番考证，但依然难以弄清。

马继禹夫妇墓

1928年这一带属于辛兴区，当时的区长是由国家委派，上面还没来得及下委任状，县长就委托马继禹管理这个区，以后又重新发了委任状。他当时处于一个临时状态，这是1928年的事，县志没记载，乡志上也没记载，但人家修志的人承认这个事。1928年把社撤了，改为区，设了10个区，咱小章是第六区。①

在西小章村西南的墓地里，保留着一块1932年立的马继禹夫妇的墓碑。碑阳刻有一段记述马继禹生平事迹的文字：

公姓马氏，讳继禹，字缵臣，邑东南乡之雅望也。祖太学生思聪公、

① 马炳辉，男，西小章村人。访谈时间：2004年1月8日。

父太学生克和□公，累世忠厚，诗礼传家，至公而懿行弥彰。公昆玉二人，身行二祇，父恭兄□，见称于乡党。继志述世，克□□前宁□。及其理家，正支□，务耕读，尚勤俭，食德服畴，家声乃益振耳。计公一生，急公好义，□□□□，济人为心。清季年，公举为社长，兼任辛兴区区长，俱有成绩，昭人耳目。观其睦宗族，惠亲朋，乐善好施，以襄义举，解纷排难，以息讼端。其尤注意者，濒潍诸村，水患宜防，时常竭力捐资，倡修堤工，间有冲塌，督理修补，得永免溃决之患者，公之力也，非所谓仁人利普哉！配潘氏，系石埠锡田先生之次女，颇有淑德。生子二：德茂，德芳，俱称克家。生女三，各适名族。孙八人，曾孙一人，聿修厥德，厥后克昌。公之培植者深矣！民国壬申九月十七日酉时，公疾终寿，享八十三岁。将归窆，浼余为文，因述其巅末，而为之记。

廪贡生世宜夏焕文拜撰

邑庠生□晚董正官书丹

清末民初，昌邑一带以社为基层建制，西小章村属于辛兴社，西小章人马继禹担任社长。1924年，昌邑县改社为区，共有10区。马炳辉所说的“辛兴区”应是这一带民间对昌邑第六区的俗称，马继禹或曾担任区长。在这一时期，马继禹是这一带的风云人物。

根据碑文记载，马继禹生于1850年，卒于1932年，享年83岁。其主要功绩有三方面：一是注重伦理道德，“睦宗族，惠亲朋，乐善好施，以襄义举”；二是积极调解民间纠纷，平息事端，“解纷排难，以息讼端”；三是组织当地民众修治潍河，“其尤注意者，濒潍诸村，水患宜防，时常竭力捐资，倡修堤工，间有冲塌，督理修补，得永免溃决之患”。在当时天灾人祸频发的潍河两岸，上述功绩确有扶危济困、解民于倒悬之意味，而修治潍河更是其中根本。

在西小章人的口述中，马继禹的形象要生动得多。他完全是一副乡下老农的装束和做派，喜欢开玩笑，与村里的老老少少混得很熟，一点也不像个“官”。他善于化解乡民纠纷，不主张他们去打官司；同时，他很会跟当时昌邑一带的各种政治军事力量打交道，每次总能很好地保护村民的利益。村民马镇华回忆道：

马继禹是马兴墀的老爷爷，我六服上的老爷爷。他是东乡24社的一个社长兼辛兴区的区长。平时在大街上遇见，有晚辈问他：“爷爷，你吃的什么?"他就笑呵呵地说:"虱子,大盘,媳妇。"他碰见有的人家要打官司,让他劝着劝着就不打了。有很多本来家里闹矛盾的,(他)说说就没事了。他威信高,(他说要是)红枪会、土匪来了,管他们喝凉水,管够!别的庄被抢了,俺庄没有事。①

曾长期担任西小章村支部书记的马兴墀是马继禹的曾孙,碑文中出现的"曾孙联宗"是他的堂兄。他对曾祖父马继禹有如下记忆:

我老爷爷马继禹有两个儿子,长子先他而死。墓碑上的联宗是我大爷的孩子,我这一代只有我这个叔伯哥哥的名字上了碑。马继禹的命运算是很不好的了:幼年妨父,中年妨妻,老年妨子。他家里穷,出身贫雇农。咱庄户人有个习惯,洗完手后拿毛巾一擦,然后往后腰一掖,这都是老农民的习惯。后来他当了社长、区长,出去办案子,洗手时老是把衙役递上来的毛巾用完后顺手掖到自己的后腰左侧,走的时候把人家的手巾也带走啦。他不养闲人,用的护卫兵平时在家务农,一有事就吆喝他们,村民经常看到几个随从一边往他这里跑一边穿制服、提鞋的样儿。他日子过得不宽裕,拿不出钱来养活他们(随从)。②

近现代以降,当大一统帝国的政治权威瓦解以后,传统的知识精英阶层逐渐失去了影响力,新生的一批知识精英又主要在城市发挥影响,多与乡村社会脱节。随着以血缘、地缘维系的传统道德日趋没落,各种原处于边缘地位的人群逐渐走向乡村社会的舞台中心。也就是说,当许多掌握知识、视野比较开阔的知识分子在寻求救国真理的时候,广大乡民也在寻找一种维持个人生存及宗族延续的方式,原处于边缘状态的"能人"正是在这一背景下开始在地方社会大显身手。马继禹正是这类土生土长的"能人",他借助于官方认可的行政地位,在地方社会中起着聚合人心、维持秩序的作用。与此同时,在乡村社会中自发形成的一些民间组织也十分活跃,如贫民会、红枪会、连心会等,包括西小章村的竹马队,它们是民众试图在血缘与地缘的基础之上,通过建立新的组织形式以掌握自身命运的体现。

① 马镇华,男,西小章村人。访谈时间:2004年1月8日。
② 马兴墀,男,西小章村人。访谈时间:2004年1月9日。

六、关于"文化大革命"的记忆

"文化大革命"期间，西小章村的祭祖、走亲戚、跑竹马等为村民所习惯的传统礼仪活动突然被归入"封建残余"，从村落日常生活中被抽走。"文化大革命"后期，当村民已经习惯了轰轰烈烈的国家政治生活，并富有创造性地予以乡土化改造，上述村落传统开始在国家政治制度的夹缝中苏醒，悄悄地恢复起来。此时，"文化大革命"时代突然宣告结束，正如其突然到来一样。

在传统的西小章村村落生活中，冬天原本是村民最悠闲的时节，老人们聊天、下棋，男孩子会聚在祠堂练武，不知不觉中热闹的年节就到来了。然而，从1968年冬天开始，这种悠闲的生活突然结束了。西小章人对"文化大革命"最鲜明的记忆是在这个冬天里，各路红卫兵小将喊着各种响亮的口号，将全村一些老式建筑物上面的砖雕、石雕疯狂砸毁。那时候，村民马炳辉正好15岁，因出身问题而被拒于红卫兵队伍之外。他对当时的情景印象极深：

> "文化大革命"对中国的冲击是很大的，老百姓那里移风易俗，把老的东西全都扫荡干净，很厉害。10年浩劫，让人不敢相信，那是个疯狂的年代，人人都疯狂。比如老式建筑物上面的古典装饰，家庙上的硥硥狗子——就是在房顶上的小狗，房上的马头，全都砸了。那红卫兵很厉害，咱这里有很多战斗队——有东风战斗团、东方红战斗团、驱虎豹战斗队——从毛泽东的"独有英雄驱虎豹"那句诗词里来的。我那时还小，十五六岁。我上小学时是红小兵，小学毕业后就没上初中，红卫兵也不要我。因为我父亲是个三青团员，就是国民党那时候的三民主义青年团团员，那都是解放前的事了。①

"文化大革命"期间，村民马德藻和他两个儿子之间所发生的故事，对整个西小章村的政治态势起到了关键作用。马德藻的两个儿子成了相互对立的两派力量的头目。长子马炳盛，是村里主抓生产的大队长，代表了村落中的现行生活秩序与权威。次子马炳茂，是西小章村向"走资派""当权派"夺

① 马炳辉，男，西小章村人。访谈时间：2003年10月24日。

权的红卫兵领袖，代表了国家政治自上而下所赋予的最新政治权威力量。不过西小章人认为，在当时村里的关键问题上还是马德藻说了算。马德藻出身贫农，有着极强的家族观念，其家庭又同时掌握了当时对立两派的政治资源，这使得当时的国家政治体制很难对他有所制约。从马德藻过去的经历来看，他对社会一向有着较清晰的判断，知进知退。村民马炳辉对他评价很高：

> 那时候，四下拉队伍，附近有个“八大伙”，想请马德藻当参谋，也就是当师爷。他说：“这个事关重大，我得回家和老头子报个信。”——人家想和父母去报个信，得让人回去呀——这是一计，他一回家就藏起来了。他年轻的时候，“遍地英雄起四方”。他不会跟着他们胡折腾，“胜者王侯败者贼”，一人栽进去，全家都完。
>
> “文化大革命”一来，周围所有的村子都乱了，咱小章没乱。当时外面乱得很，从外头来了很多人，很厉害，都不是咱这里的人。老影[①]是马德藻主张保留下来的。当时不是兴“破四旧”嘛，他说：“你们烧归烧，但这个不能烧。”据说就在烧老影的前一天晚上，他的次子马炳茂暗地里安排一个叫马明前的，让他（马明前）把这些老影从祠堂的箱子里拿出来，拿回自己家里去了。第二天烧的时候，光烧了一个空影盒子——反正大家都以为是烧了。安排保留竹马的也是他（马德藻），结果烧掉了8匹马，留下1匹马，留个样子以后好仿着做呗。可惜，好不容易留下的那匹马，却让负责保存的那家女人给烧了火了……马德藻还暗地里安排马炳茂：“你得把族谱给我保存下来，不能糟蹋了它。”当时族谱就是马德藻他一手保存下来的，红卫兵不敢招惹他……他的长子马炳盛当时是大队长，主管规划。老头子命令他：“你规划，一定要把影房给我保留下来。”马炳盛在安排规划的时候就把影房保留下来了。[②]

西小章人最珍视的几样东西，如老影、族谱、祠堂、竹马等，因为有马德藻的巧妙安排而暂时得以保全。在前来串联的外地红卫兵与邻村百姓看来，西小章村与国家政治形势保持了同步，那些代表着“腐朽、没落的封建文

① “老影”，当地方言，指一种名为“家堂”的年画，村民在上面填写列祖列宗的姓名以作纪念，一般存挂于祠堂。

② 马炳辉，男，西小章村人。访谈时间：2003年10月24日。

化”的老影、竹马都烧掉了。不过，外人有所不知的是，烧老影时只是烧掉了盛放老影的空盒子，烧竹马器具则九留其一，以备将来仿作。竹马表演中所用的武术器械，早已被当时竹马队中负责武术的马德璋藏了起来。时至20世纪80年代，马炳盛主持规划村容建设，老祠堂妨碍修路，准备拆除，但年过七旬的马德藻态度还是很坚决——“别的都可以动，我不管，但祠堂就是不能动!”坐落在村内中央偏西的老祠堂，遂有惊无险地保存至今。村民都说，这要归功于马德藻。

西小章人对马德藻、马德璋二人评价很高，认为他们在那个特殊年代里很好地尽到了自己的责任。特别是马德藻，担当了村落保护神的角色。其实，在这二人的背后，是怀有同样浓重家族情结的整个马氏家族。家族祠堂历经劫难能够保存下来，与这一主姓村中的家族群体力量是分不开的。相形之下，周边村落则在“文化大革命”中受到了更大的冲击，如砸碑、挑坟、拆祠堂、焚烧族谱等。每念及此，年老村民时常痛心不已。

第二章 家族生活

西小章村作为一个主姓家族村，其村落生活基本等同于一种家族生活。与主姓家族村不无关系的是，西小章人的日常生活，在尽量适应国家政治话语的同时，基本保持了老规矩。无论是岁时节日，还是人生礼仪活动，村民都会按照原有关系的远近亲疏发生一定的礼仪性交换行为，并在有弹性的调适中凝结成更为紧密的社会关系。每当一家有红白事，几乎村内所有家庭都会参与，使其成为村落性的整体行为。

一、家支关系

据西小章村《马氏族谱》记载，本村马氏家族的始迁祖马原是在明朝洪武二年(1369 年)从山东莱西市双山村迁居此地。

据说，当初马原肩挑二子历经艰辛至此，与土著马青山联宗，拜马青山为义父，遂安顿下来。有村民揣测，当时这一带地广人稀，有大量土地可自由开垦，这是马原留居此地的主要原因。据村民马炳辉说：

西小章村《马氏族谱》

马原来的时候，马青山他们也就是一户两户的，谈不上村庄。元末打仗打得太惨了，都没人了。

据谱上记载，马青山是当地居民，是咱小章原先在这里的住户，他不属于马原这一支。马原是挑着两个孩子来的，那时碰上姓马的，一家子，那就是近便人啊。马原就和马青山联宗了，就成了一家人了。咱这儿地有的是，想上哪儿开就上哪儿开。①

马原育有四子，西小章人常说的四大支即由此而来。在西小章村居住的是这四大支中长支与二支的后人，俗称"大支下""二支下"。四支下居住在西小章村以东相距不足2公里的宋东村②。现今在宋西村居住的马姓人家则是由二支下迁过去的。三支下这支马家人非常神秘，早已全部迁走不知究竟，也有说是迁居到一个叫"船厂"的地方。据说在清乾隆年间，因为三支下在当地无人承继，大支下与二支下曾各出一人列于三支下名下，但有迁居他乡的三支下寻来，让这二人把地卖了，一同远走高飞，不知所终。马炳辉说："三支的后人有说是去了'船厂'，不知是在哪个省哪个市。俺大支一

① 马炳辉，男，西小章村人。访谈时间：2005年10月11日。

② 宋庄分为宋东、宋西两个自然村。

看三支下没人,空着,就过继了马世杰给他补起来,二支下也过去一个。三支下从'船厂'回来过,一看家里的情况,把两个过继出去的人也一起带走了。这是乾隆年间发生的事。"[①]四大支往下,又分为二三十个小支,至今已有25世。家族的辈分按"金、水、木、火、土"的顺序排列,依次是克(或金)、泮(或光)、德(或桂)、炳(或焕)、堢(或池)。

马氏家族在辈分用字方面很讲究,同一祖父的同辈人起名字时的辈分用字完全一致,不同祖父之间同辈人的辈分用字则用相同偏旁的字来区别,如辈分用字为"炳""煜""焕"的三个人,一看就是马氏家族中不同小支中的同辈人。现在村里辈分最高、年龄最长的老人是马克友,1916年生,负责在春节期间驻守祠堂。他受到全村马氏后辈的尊敬,在大年初一时接受大家的叩跪拜年。

据西小章村《马氏族谱》记载,留在西小章村的大支下最初人丁极不兴旺,自马维以下九世单传,一直到第十世上才分家,这时已经到了明末清初。马德全的二支下则涌现出不少文人,马氏家族的第一本族谱便是在二支下九世祖马景瑞的主持下完成的,时在清乾隆二十八年(1763年)。族谱修完后,十一世祖马国桢写序追述了二支下子孙多次考取功名的兴盛状况。此外,迁居宋庄的四支下也很兴盛,他们以"熟娴射骑"而猎获功名,"四公之下,衍及十世有光星"。至少在清乾隆年间,大支下、三支下人丁并不兴旺,只是勉强凑得马家四支"未尝有一支殄世"而已。[②]

此后,大支下开始兴旺起来,直到现在。目前,西小章村大支下与二支下的人口差不多,大支下略多。不过,二支下小支甚多,大支下则只有几个小支,按照村民略带调侃的说法是"大支下里没有远人,二支下里没有近便人"。近现代以降,村里富户以大支下为多,并占据了村里最好的土地。

家支的不同,在村内的居住格局上也有所体现,并影响到村落公共事务的参与状况。在西小章人的记忆中,从20世纪初开始,在村里主事的都是大支下的人。村民马升池、马炳廷都注意到这一问题,并对此做出了解释:

> 俺是大支的,俺大支的人多,能人也多。自我记事起,村里的干部就是大支的,老头子讲以前的干部也都出在大支上。生产队里那些主

① 马炳辉,男,西小章村人。访谈时间:2005年10月11日。
② (清)乾隆二十八年西小章村《马氏族谱·始修谱序》。

事干活的，没有二支的。解放前，国民党时期二支的有当过保长的。共产党来了以后，实行民主选举，看着不错的就让当，都是大支的。能不能当干部跟家里的经济条件关系不大，就看个人言行。俺这个村，东边的是大支的，西边的是二支的，三支就上宋庄了。平时祭祖，大支、二支都来。有老人去世，到了年底请老头子(祖先)回家过年的时候，就在家堂上添上了。办丧事的时候，大支、二支不掺和，谁和谁近便就去，没什么范围。结婚也是，只要近便的就去，就看关系，帮帮忙嘛。①

咱这庄里是老大、老二。老二家支的都住在这条南北街西边，往东人家更多，都是老大家的。往西的人家里，也有几户是老大家的——老二家人少，不如老大家人多。老大家住得最近便的就有80户，还有些出了五服，那些远的拜年时就不去了。比如，我们虽然都是老大家的，但隔着不近便了，你自己也就是一个小家族了，我就不上你那里去了。这80户最近便，是拜年必须去的。村里这些人，像马兴墀、马明轩、马明江，他们原先都是大队里的(指曾经担任过村干部)，我们是一个家支的。解放以后，村干部基本上是老大家的。马镇华也是老大家的，马焕章也是老大家的。西边有几户老大家的，东边却没有老二家的了。②

大支下、二支下，在村内形成了各自的居住空间。春节期间，两大支的祭祖活动有分有合：在大年三十下午，一起到村西公墓“请家亲”，请来后安置在祠堂，并在大年初一上午一起到祠堂里祭祖，随后就分开拜年，各忙各的了。遇有葬礼、婚礼，两大支在原则上是互不掺和，个人是否参与视私人关系而定。实际上，即使在同一家支的内部，各小支之间在礼仪参与方面也有微妙差异，每个人会根据与事主关系的远近，在礼仪轻重、参与程度深浅等方面有所区别。这些礼仪规则，在外人看来不免复杂，却在村落日常生活的组织、运行与秩序调控等方面发挥着重要作用。

二、分家与养老

在乡村生活中，分家乃是普遍现象，所谓“儿大分家”。在西小章人的传

---

① 马升池，男，西小章村人。访谈时间：2003年10月24日。

② 马炳廷，男，西小章村人。访谈时间：2003年10月24日。

统观念里，女儿是没有赡养老人的义务的，当然也没有参与分配财产的权利，因而在整个分家过程中，女儿一般要被排除在外，除非是独女或招赘之家。

所谓“分家”，其实是老人对家庭财产的重新分配和对自己晚年生活及后事的安排。分家，首先与家庭类型有关。西小章村的家庭类型主要有如下四种：(1)“五保户”家庭。这类家庭只有老人，无儿无女，当然就不存在分家现象。在老人因年老完全丧失劳动能力之后，村委会安排其晚年生活，承担起赡养责任。老人故去以后，所有财产归村集体所有。(2)有女无子家庭。如果只有一个女儿，老人生前就由这个女儿负责赡养，老人去世后，全部财产由她来继承。为赡养方便，一般倾向于将独生女儿嫁到邻村，或干脆招养老女婿住家。若有多个女儿，则一般会选择一个女儿招养老女婿，继承家产，承担赡养责任，其余女儿嫁出，不参与分配财产。(3)独子家庭。这种家庭一般也不用分家，由独子赡养老人，老人去世后由他继承全部家产。(4)多子家庭。这类家庭由老人和两个以上的儿子组成，在西小章最为普遍，其分家和养老的问题也最为复杂。村民马德厅说：

> 那儿子多的，一般大的结婚就分出去了，小的结婚后，老人就分出去了。各家都拿点钱，让老人轮着住，一年一轮。要么就盖老人房，老人都想得开，都愿自己住老人房。你想，等农忙的时候，就算住在儿子家里，人家也顾不上你，不如自己住。自己能劳动的时候就自己住。
>
> 现在分家，地不用分，每人都是一亩二分地，主要是分房屋、家里的财产。老的给你掂配掂配，你分一个茶壶，我分两个茶碗，你分个拖拉机，他分个机械，差一不差二的。老人在这种情况下，自己就什么也不用剩了。地也分给儿子种了，住老人房的留点做饭的工具。养老女婿也有的和老人分开过，种着老人的地，管着老人花钱，不在一块住。咱村里只有三户：姓梁的、姓隋的、姓吴的。姓吴的年纪大了，他丈人、丈母都去世了，是他养老送的终。他有两个女儿。丧礼的时候，是闺女摔盆子。咱这儿的风俗，没有儿子的把闺女当成儿子养，女儿代替儿子。[①]

多子之家，分家的时间一般会选择在最小的儿子结婚之后，但每有儿子

① 马德厅，男，西小章村人。访谈时间：2003年10月8日。

结婚便分家出去另过的情形也不少见，形成在一家之内多次分家的现象。在村民的记忆中，以前分家，多是由家庭内部的某些不和谐因素而引发的，如今则多是“未雨绸缪”。因为家庭不和谐而分家的，原因不外乎如下三个方面：(1)婆媳关系不好，或是老人图清静，或是儿媳妇要求独立过日子，由此易生龃龉，分家后可减少摩擦，避免矛盾的产生。(2)妯娌之间关系难处，时间长了容易引发纠纷。(3)经济方面的原因。分家以后，“各居各处，各守各业”，各自享有家庭创业计划安排与经济支出的权利。分家时，在经济方面是否公平，将对日后相处产生重要影响。

无论出于什么原因分家，在真要分家时，都会由老人提出。在西小章人看来，由儿子提出来分家是不合情理的，如果是由儿媳妇提出来就更容易传为笑柄，连娘家都会受到牵连，被认为“教女无方”。在整个分家过程中，儿媳妇都会尽量避免出面，否则容易留下不良印象，因为在当地传统的分家观念里“没她说话的份儿”。随后，全家人商量确定好时间，举行分家仪式。传统的分家仪式是很讲究的，参加者除了老人及儿子们外，还必须请四个人来参加，缺一不可：一个是本家的长辈，如叔叔或者大爷；一个是舅舅；再者是执笔写分家文书的人；还要在本村找一个稳当的年轻人。这四个人在分家过程中所代表的角色不同：本家长辈和舅舅代表的是权威，他们要努力保证分家析产的公正性；执笔人要把分家文书以契约的形式保留下来；年轻人则做证人，以后如果发生与这次分家有关的纠纷，别的证人可能都不在人世了，他就是解决纠纷的权威人物。

现在分家，已经不再恪守上面的老规矩。一般是由这一家支中辈分最高、年纪最大的老人主持，他出面请来家族里明白事理的爷爷、叔伯们作个见证，舅舅已不在必请之列，除非是在家里“男老人”已过世的情况下，“女老人”主动提出来要请她的兄弟来参与。正式分家前，其实已经过一段时间的协商，取得各方的一致同意，并由执笔人写出“分家单”。“分家单”主要包括四方面的内容：一是主要财产的分配。所谓“主要财产”，指土地、房屋等大宗财产，一般由几个儿子平均分配。二是安置赡养老人的问题。这主要有两种方式：或是老人不留居住用房，在几个儿子家轮流居住，由几个儿子轮流奉养；或是老人不跟任何一个儿子住在一起，而留有单独住房，西小章人称之为“老人房”。在后一种情况下，几个儿子就要按照“分家单”的规定，按

时给老人送养老费及生活所需。近年来的标准，一般是一家 250 公斤麦子，二三百块钱，几十斤油，冬天另外买 400～500 公斤煤取暖。三是老人的后事安排及终后财产的二次分配。四是注明该契约的见证人、执笔人及时间。“分家单”是分家析产过程中的重要契约，大家如果没有意见，就在上面签字，并每人保留一份作为凭证。在分家的当天，全家聚在一起吃顿饺子，意为吃“团圆饭”。分家仪式结束后，大家就开始独立过日子了。

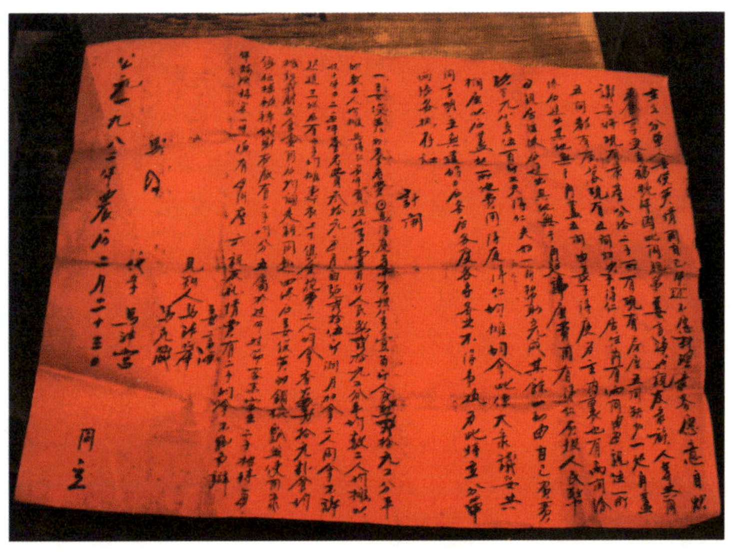

西小章村的“分家单”

倘若以后发生什么纠纷，本家长辈就会依据“分家单”的约定进行评判，若本家长辈不能平息，就会由村委会出面进行调解。但西小章人认为，闹到由村委会出面调解的地步是比较丢面子的事，所以会尽量避免。村委会设有调解主任一职，可以处理这类事。不过在西小章村因为分家而请调解主任出面的情形比较少，这关乎当事人在村里的声誉。对此，村民马德厅说：

> 咱这里形成了一个惯例，儿子就应该养老的，如果你做不到，人家就笑话，你在村子里就抬不起头来。咱这有村规民约，有调解委员会，都照着做的。①

每户村民家里都有一份由宋庄镇西小章村村民委员会 1997 年 6 月制定

① 马德厅，男，西小章村人。访谈时间：2003 年 10 月 24 日。

的《村规民约》,共包括5章49条,在养老方面有具体规定:

> (第四章第四十一条)对生活困难的父母(60周岁以上),必须保证每人每年200公斤小麦、50公斤粗粮,每人每月10元以上零用钱(生日、春节各增加50元以上零用钱),每人每年一身单衣、两双鞋袜,两年一身棉衣,四年一套被褥。保证其居住正房,不准住偏房,生病时子女要及时保证就医,负责护理并承担全部医疗费用。

当然,村里还是有因为分家养老事由闹到法院的个别情形。村民认为,凡是为这类事闹到法院去的人,说明村里的舆论已经不起任何作用了,一个连村里舆论都不在乎的人,很难得到村民的尊重。总的说来,在依靠村落公共舆论维持传统伦理道德方面,西小章这样的单姓家族村具有一定优势,分家养老只是其中的一个方面。村民马炳辉和马德厅谈道:

> 现在分家以后,比如一人出500斤麦子。对老人得看个人的经济情况,有钱的拿得多点,没钱的拿得少点,根据个人的能力吧。闹纠纷的也有,也有上法院的。法院强制执行,当然管事。村里的舆论他已经不顾了。一般人认为是媳妇的事,其实是儿子的事,儿子自己有这个心,媳妇又能怎样?咱这里还有老人房。住老人房还得给儿子看孩子,那不是力所能及的嘛。闹得再厉害,孙子是自己的。老话说"有刺心的儿女,没有刺心的父母",老人他不舍得。老人没有收入,还是得依赖儿女,又不是在城里,自己有退休金。不过,(儿子)个人经济条件可以,粮食、零花钱不拿(即不给老人)的不多。一个儿子一年(给老人)500斤麦子,几十斤油,几百块钱,有的200元,有的300元,(老人)自己种上点菜,想吃就割点。我老母亲就我自己一个儿子,当然跟着我过。①

> 咱这儿的老人分家后有老人房,一般的房子是5间,老人房3间,是儿子和老人一起盖的。老人有老人住的地方,儿子有儿子住的地方——咱这儿兴。就像我这样,我上面还有母亲,5间房不够住,我就又盖了老人房,儿子住5间新的;我和母亲住一块,也是5间,是临时住的别人的房子。一般来说,儿子的东西多,老的东西少点,就住3间的。

① 马炳辉,男,西小章村人。访谈时间:2004年5月18日。

老宅子一般都是老人们住。

什么时候分家？都是儿子结婚后，他有了独立生活的能力，能自己过日子了。老的可以放心了，就分开过。老的身体健康，自己种点地。年轻的出去打工，老的替他种点地。像我这种情况吧，儿子出去打工，我就在家种着他的地，我们还在一起吃。等他有了孩子，再帮他看孩子，以后也可能分开，儿子自己种自己的地。不过看孙子是老人应尽的义务嘛，这样儿子可以多收入点。种地现在好种了，都是机械化了。

分家有协议，各项事宜都规定好。再说，这两年经济条件都好了，这家给200元，那家给300元的，都舍得，粮食尽着吃。自己种点菜，老的要吃就割点。给老人的钱就是平时买药、买点想吃的东西。老的生了病，药钱儿子分担。协议由老人自已定，也有找大爷、爷爷的，反正是找家族里能管事的，一般没有由村委会主持分家的。有了纠纷由村里的调解委员会出面。以前有老人对赡养不满意的、邻居打架的，咱调解一下就行了，也不用去法院，现在也没有了。那些对父母不好的，被好的带动得也对父母尽孝了：有这么两三个，看人家都对老的很好，他自己对老的不好，说不过去。①

如今，亲身经历社会剧变的老一代村民，已逐渐接受尽早分家的观念。但在他们的内心深处，还是觉得现在的年轻人不够体谅老人：

在(20世纪)60年代以前，分家的情况比较少。从60年代开始，分家的情形一年比一年厉害。那时候分家，首先要给老人留出养老的资财，家里的钱都是老的留着。可是现在，一个院子，老的只住两间，或者干脆住偏房。要不就弄得远一点，去住老人房。老人不愿意也得愿意，这是普遍的事。

现在都兴结了婚就分家，结婚至多5年就分家，短的就不讲了，有的结婚20天就分家。有的是老的提出分家，有的是儿子提出的。一句话，就是儿媳妇和婆婆不好处，在一块不行。老人也觉得不方便，年轻的也觉得不方便，就分了吧。不过，年轻的提分家，老人心里也不好受，但现在社会就是这种风气。现在不管是农村还是城市，都是这样。②

---

① 马德厅，男，西小章村人。访谈时间：2003年10月24日。
② 马升池，男，西小章村人。访谈时间：2004年5月19日。

现在人家都还想要儿子，儿子一旦娶了媳妇，父母就上一边儿去了，有个小房子住就不错。媳妇要是厉害的话，连吃的都不管了。父母为了子女结婚，把钱都花光了，很多子女连管也不管。老人又不好(意思)打官司。我琢磨着，这事跟咱这法律有点关系，教育也不好，国家对这方面问题也不大重视。①

以前西小章村分家的时候，有为长子留“二亩长子地”、给老人留“养老田”的规矩。当然，“二亩长子地”只是比较形象的说法，长子到底该多分多少地，要根据各家具体情况。比如家里有 10 亩地，就要真的为长子留出 2 亩地，其余的 8 亩大家再均分。给老人留出的“养老田”，哪个儿子负责养老，这养老田最后就归谁，一般多归负责养老的长子所有。不过，长子需要承担相应的责任，家里不管遇上什么事，长子都要主动应承，责无旁贷。西小章人常说“家有长子，国有大臣”，以此强调长子的这份巨大责任。如今，这一习俗已经失去了存在的根基，因为土地归国家所有，“地不用分，每人都是一亩二分地”。

分家以后，意味着小家庭从此具有了独立的社会交际权利。特别是对于女主人而言，从此有了自己的小家庭，她的娘家获得了与婆家一样的地位。很快地，娘家人会携带装满粮食的篼子前来“温锅”，一来表示关心和安慰，二来劝勉年轻夫妇过好日子，顺便传授一些处理日常生活的经验。此外，在祭祖礼仪活动的组织方面，分家后也会发生一些微妙的变化。若老人在世，那么仍由老人主持年中祭祀，所有的儿子会事先准备好礼物、供品，在大年三十下午携家带口赶到老人家里参与，晚上一起吃“团圆饭”。若老人辞世，就由长子继承象征列祖列宗的家堂，在春节期间悬挂行祭，其他兄弟须携带礼物、供品到他家参与，是否会留下一起吃“团圆饭”，则视各家情况而论。

近年来，西小章村的分家养老状况呈现出如下特点：其一，三代同堂的情形越来越少，儿子结婚的同时就意味着要独立门户。分家的日期，多选择在在儿子结婚后的几十天至 5 年之间，有尽早分家的趋势。“两辈人在生活习惯上有诸多不同，住在一起难免会有磕磕碰碰的，不如分开过”，

① 黄正鹏，男，王珂村(西小章村北邻，相距约 1 公里)人，长年在西小章村十字路口摆设一个修鞋摊。

这已经成为村民的共识。在西小章村老一代人的记忆中，在20世纪60年代以前，村里分家的情况还是比较少的，此后分家的情形才逐渐多起来。近20多年来，儿子结婚即分家的情形已经普遍化了。其二，分家时，老人一般不为自己留比较贵重的家具、电器，但希望有独立的住处，并希望将养老的协议规定写清楚。其三，分家之后，老人家与儿子家依然保持着比较密切的劳动协作关系。比如老人帮儿子家带孩子、种地甚至做饭等，儿子则在经济上给予老人一些帮助等。其四，女儿养老的观念正为越来越多的村民所接受。因为国家多年以来持续实行计划生育政策，西小章村没有儿子的家庭越来越多，大家也就普遍接受了女儿可以养老的观念。村民认为，在没有儿子的家庭中，女儿养老不仅顺理成章，而且还具有一定优势，“女儿心细，养得比儿子还好”。现在，有儿有女的家户，也有女儿掏钱参与养老的状况。但到了老人生病住院的时候，药钱一般还是由家里的儿子们均摊。

三、逢年过节

我国传统乡土社会中习惯上以年度为周期来安排生活，这显然与传统耕作制度中的一年一熟制或一年两熟制密切相关。西小章人对时间的记忆明显地具有与农耕文化密切相关的物候计时特征。比如在2005年正月，村民提及2004年秋季有两位日本教授来村里调查，我们问及具体时间，他们则说“过去小半年了，就是去年刨地瓜那个时候”。

在节日安排方面，西小章村同样具有“四季分明”的特点。如果没有在特定节日周期里举行相关的祭祀仪式，就认为会导致阴阳两界秩序的失衡，将带来种种异态现象，甚至可能招致灾祸。比如，西小章人在每年正月初八都会举行整整一天的竹马表演活动，极少改变，他们认为在这一天里不跑竹马是极不正常的，将会产生严重后果。2005年，由于种种原因没有跑竹马活动，村民很不满意，甚至有村民没好气地说“不跑马，多死两个人呗”。

（一）过大年

西小章人的年节意识，大致是在腊月初八这天被唤醒的。腊月初八的

节俗活动，主要是喝一种由小米、豇豆、绿豆和枣等熬成的腊八粥，俗称“喝腊八”。“文化大革命”以前，这一带流行已嫁女儿“不落夫家”的风俗。女子结婚后，至少在前三年的大部分时间里住在娘家，一般是每月回婆家一次；就算生了孩子，也依旧可以在娘家长住，甚至在自家孩子结婚后还“不落夫家”的情形也不少见。为此，当地有关于媳妇必须回夫家居住的种种俗约。如“吃了腊八饭，媳妇把家还”的说法，就是强调媳妇在娘家喝完腊八粥后，必须要回婆家忙年过年，而且要一直住到初三或初四。此后，就又可以再回娘家长住了。

腊月二十三的“辞灶”仪式，是村民进入“忙年”状态的临界点。从这一天起直到来年的正月十五元宵节，这段时间称作“过年”或“大年下”。不过，西小章村并不像山东大多数村落一样，将这一天视为“小年”，他们所说的“小年”专指农历七月初一，因为这一天正是“半年”。在腊月二十三晚上举行的辞灶仪式，与各地无明显不同，主要是举行简单的摆供仪式，焚烧旧灶王像，送灶王爷“上天言好事”。

西小章村时兴在灶间墙壁上贴灶王像

在20世纪50年代以前，西小章人有“结婚莫过二十三”的讲究，提醒村民尽量别搅乱别人忙年的秩序。在这一讲究背后，却又隐藏着一种特殊的婚俗：凡将婚期定在腊月二十三以后的年节期间，则不论是轿夫的脚力钱、赁轿子的钱，还是请乐班子的钱，都要一律省去，只管顿饭就行。显然，这一特殊婚俗是在为特别贫穷的家户提供特别帮助。不过，一般村民都不愿沾这个光，以免落下“穷得结不起婚”的名声。

腊月三十，又称“大年三十”，是村民最忙碌的一天，主要有五个活动：

其一，“捞陈饭”。大年三十清晨的“捞陈饭”，又称“捞陈米”“捞陈米饭”，寓意家里有陈粮，生活富足。“捞陈饭”的食材是有讲究的，包括粉条、豆腐、菠菜、枣等，加上小米熬煮成粥。粉条寓意“长长久久”，豆腐寓意“都有福”，菠菜寓意“青头”并谐音“庆”，枣寓意“有甜头”并谐音“早”。熬成小米浓粥后，在院子里摆供，祭祀上天，祈祷丰收。也有村民选择在祠堂的“影”前和家内中堂前摆供祭祀，这可能与部分村民心中“求天不如求祖”的观念有关。我们记录了2005年大年三十上午村民付桂英在家中“捞陈饭米”的过程，具体程序如下：

大年三十清晨“捞陈饭”，先将食材在灶边摆供，再下铁锅熬煮

烧水，同时淘米。水快要开时，米下锅。稍等一会儿，红枣下锅，加盖到开锅。开锅后开始用笊篱捞米，伴随一套说辞：“一车金，二车银，三车骡马一大群。”捞的时候，前三下要一边捞一边说，之后再捞多少下就无一定之规，说词有没有均可。捞出来之后，再次将米和红枣、菠菜、豆腐、粉丝一起放入锅中，煮到稀烂。捞出米来盛到碗里，把菠菜叶插到米中央，周围放上红枣。端到院子里，放到天井的供桌上，上香磕头。上香时须站于桌案北侧，朝南上香，插在香炉里，然后转到桌案南侧，面北焚纸，磕三个头。

马镇华对“捞陈饭米”的解释是：

除夕早上，刚冒日头，吃了晨饭，还有陈饭。陈粮入槽嘛，表示年年有陈饭有陈米。豆腐是“都有福”，红枣是代表“早”，早些年的时候有米

有饭，都是人的期望。[①]

其二，“请家亲”。一般在下午2点钟左右，各家男人陆续开始上坟，请自家祖宗回来过年。大体步骤是压坟头纸、焚纸、烧香、奠酒、放鞭炮、磕头，不用摆供，直接去祠堂安置，先放鞭炮、烧香，再焚纸，所有人向“老影”磕头。然后再回家摆放家堂，摆供祭祀。这一仪式过程，意即先将各家祖先从坟上请回到影房，与列祖列宗欢聚，然后再请回家与本家人一起过年。

西小章村马家祠堂中象征列祖列宗的“老影”

其三，“上拦门杠”。西小章村几乎所有的院落都遵循着“东南门，西南圈，进了门，就做饭”的大致格局，将院门设置在东南方。大年三十黄昏，各家在东南门里摆放一道“拦门杠”，寓意将来年的灾病、鬼怪统统挡在了门外，进不了本家门。

其四，“撒陈草”。大年三十晚间，各家在院子里撒秫秸或玉米秸若干，屋里撒豆秸，一连三天不能扫地，直到初三清晨才能扫除。据说，扫除早了，留不住福气；扫除晚了也不行，因为初三这天外嫁的女儿要回娘家，不能让外嫁女儿沾了陈草，否则娘家不旺。西小章人还从实用角度来解释这一习俗：大年初一村民要挨家拜年，撒了陈草，给老人磕头时膝盖不硌得慌，裤子也不会沾脏。

① 马镇华，男，西小章村人。访谈时间：2005年2月8日。

村民的家堂

其五，“守岁”。以前的除夕之夜非常神秘，村民要半夜起来吃一次饺子，然后“发马子”，即“接灶”，与腊月二十三的“辞灶”相呼应。“发马子”就是将原先烧旧灶王像时留存下来的“马子”烧掉，寓意是送出灶王爷的坐骑，去将他接回家。“发马子”要事先选好“黄道吉日”，举行仪式时尽量保持安静，因为此刻正是百神下界之时。比如半夜起来下水饺时，不能拉风箱，最好用好烧的秫秸直接添火，一家人尽量不出动静，孩子不能说话，大人也得少说。发完马子，摆供磕头，各家几乎同时燃放鞭炮，噼里啪啦的声音一直持续到天明。供品有饺子、粉条和枣。饺子要盛两碗，每个碗里放饺子五个，取十全十美之意。过去也有供枣糕的，每个一斤多重。发马子后，紧接着要接财神，事先也要算好财神从哪个方向来，摆供要冲着财神来的方向。财神每年到来的方向不一样，这在灶王爷的画像上有说法。人们在大门口端着水饺，冲着财神到来的方向磕三个头，烧香、烧纸，将财神请回家中。财神有文、武之分，西小章人认为他们请的是文财神。这些仪式之后，在整个正月里，各家的锅都不能空着。吃完饭，刷出锅来，就再盛上点干粮，大多是放上块馒头，整个正月都是这样，俗称“坠锅”。以前，西小章人大都讲究守岁，但现在以操持上述仪式为主，对守岁已不太讲究。

正月初一主要活动是拜年。西小章人拜年的时间很早，凌晨四五点钟

就已经有人开始拜年了。过去的规矩是先集体去祠堂“圆拜”，先向象征列祖列宗的“老影”磕头，然后给“守影”的老族长拜年，之后各支分别给自家长辈磕头拜年，最后各支互拜。男的一般是要磕头的，以磕响头的礼节最为隆重，女儿不磕，媳妇们则只给近亲磕头。同一家支的要正规地按照辈分磕头，不同家支之间就只是礼节性地拜访，磕头只是意思一下，村民俗称“磕乡里头”，意即点到为止。拜年之际，最活跃的是各家的小男孩们，兴高采烈地跑去给本家各位长辈磕头，讲究跪下磕，磕得实实在在，长辈称赞一番便发放“压岁钱”，又叫“百岁钱”，祝愿孩子能活 100 岁。压岁钱的数目多少无统一规定，20 年前多是 5 元、10 元，陆续到 50 元、100 元，现在则一般是 100 元或 200 元，甚至更多。男孩子超过 12 岁，就不用再给压岁钱。按照当地习俗，小姑娘不跟着拜年磕头，因此也没有得到压岁钱的可能。

过年走亲戚，西小章人讲究“初二姥娘初三姑，初四五日拜丈母”。先依着老一辈翁婿关系的礼尚往来，初二要走姥娘家，而不是走丈人家，然后才是下一辈翁婿间的走动，俗称“先走老亲家”。

在西小章村，大年初三具有显著的象征意义，过了初三就算过完年了。这一天仍要吃饺子、放鞭炮。早晨天还不亮时，安排摆供仪式，把大年三十请回来过年的祖先送走，落下家堂，收藏好。此时摆供需要“五个碗”和两碗饺子。“五个碗”包括猪头肉、粉条、鱼、豆腐、陈米饭，其中的粉条代表钱串子，认为它能给家带来钱财。初三早上还要“扫陈草”，把大年三十晚“撒陈草”时撒下的豆秸、高粱秸或玉米秸，连同满地的鞭炮碎屑一起清除。实际上，上述仪式还有更深的寓意：从大年三十至今，所有活动都属于本家族的内部交际，等到初三早晨，女儿、女婿、外甥就要回门，外亲之间的礼尚往来即告开始。因此，西小章村关于“初二姥娘初三姑，初四五日拜丈母”的习俗，其实是保留了一种相当古老的家族观念。有意思的是，在与西小章村只隔一条潍河的河西一带，则特别讲究过“破五”，即在初五清晨才举行“扫陈草”的仪式，其寓意是“扫穷”。

大年初四这天是结婚第一年的新女婿来丈人家拜年的日子，丈人家必须好好伺候。在女婿走丈人家的无数次礼仪活动中，唯有这一次，他在丈人家具有极高的权威地位。

正月初八，是西小章人跑竹马的日子。一般是上午先去宋东村、宋西村

的马家人聚居区拜年表演一番，下午才回到本村表演。

正月十五是“红灯节”。西小章村家家门口都挂红灯笼，一般是在大门口两边各悬挂一个，春节挂上，正月十六摘下。20 多年前，村里还有猜灯谜的习俗，村民用绳子悬挂各家自制的灯，上写灯谜，兼有画面。更早些时候，这天还要继续表演竹马活动，其热闹程度一点儿也不亚于正月初八。时至今日，村民在这时候都已经上班，“正月十五跑竹马”已经成为一种遥远的记忆了。

村民在大年初三落下家堂，衬托家堂的苇箔会挂到元宵节再撤

(二)四季节日

二月二 在西小章村，二月二是“龙抬头”的日子，传统节俗是一大早起来打囤。村民的说法是，“打囤”越早，说明这家人越勤劳。早早打囤，说明粮仓早已清整好，预示着来年有好收成。具体的打囤仪式程序是：家里的男性长辈(俗称“老头子”)端着盛有草木灰的簸箕，一圈一圈地颠撒成粮囤的样子，中间放点五谷杂粮，上面用砖压上，以防止被鸡或鸟吃掉。然后，用灰在粮囤外撒成梯子形，象征囤高粮多，比较讲究的人家还用灰画出 5 个同心圆，中间放上麦子、蜀黍、豆子、高粱、玉米五种粮食，象征五谷丰收。

传说二月二这天还是土地爷的生日，村民要给土地爷过生日，不过供品比较随便。拿个碗，盛上几个饺子，放在天井北边的桌子上，就等于是给土地爷上供了，祈求五谷丰收。

在西小章村，二月二还有个名字叫“姑姑节”。这天，附近如果有姑娘坟，村里的成年人就鼓动孩童到“姑姑坟”上去“抬姑姑”。具体方法是，用下饺子的热汤将草木灰和成泥，摊到石板上，然后用泥罐子往下礅。由饺子汤掺和草木灰制成的泥团，很有黏性，有时候抬着罐子就能把“姑姑坟”上的石板抬起来。此时，就认为是“姑姑”高兴显灵了，孩童们便抬着到处转。在西小章人的传统观念中，未嫁少女夭折化成的孤魂，会心怀怨恨，是容易“闹鬼”的，由她同年龄段的异性孩童陪她玩“抬姑姑”的游戏，以抚慰其寂寞的孤魂，能够起到阴阳平衡的效果。

此外，西小章村还曾时兴二月二“新媳妇带蜜豆”的习俗。蜜豆，就是用糖炒的黄豆。在以前“不落夫家”的习俗中，媳妇有了两三个孩子后，依然可以长住娘家。当地便以俗约规定，逢元宵节、二月二时，媳妇必须从娘家炒了蜜豆，带上孩子回到婆家来。尤其是新媳妇，不回婆家过二月二，就会显得不通情理，但她可以在过完二月二后再回娘家。

西小章村在二月二节期里安排如此多的仪式活动，与两个方面的观念有关：一是刚刚过完正月，借二月二诸多节俗，提醒人们尽快从年节玩乐戏耍的生活节奏中回过神来，辛勤劳作才能收获多多，得到真正的幸福美满；二是在全身心投入农事生产之前，将年节里没来得及照顾的神灵精怪予以安顿。

三月三　西小章村有“三月三，过神仙”的说法，但这天不是节日。不过，村里流传着一句老话：“新媳妇不过三月三，抱着门框哭塌了天。”意思是说，结婚第一年的新媳妇，在三月三这天是必须要回婆家来的，否则将会妨害到她的丈夫，守寡后半辈子。以后再逢三月三，媳妇回不回婆家来就各随自便了。

清明　西小章人用“冬至清明一百五”来记忆清明节的节期，所以清明节也叫“一百五”，因为从冬至到清明节正好是150天。另外，清明节还被西小章人称作“小鬼节”。凡是父母已过世的，儿女在清明节这天必须回来上坟，不然就说明这一家已经绝后。媳妇们则必须回婆家过清明节，而且要找个双日子回来，否则不吉利。村民的解释是，清明节事关祭祀祖先大事，所以这方面规定得很是严格。比方说，清明如果是某月三十日，媳妇一般会在二十八日回到婆家，因为她一般不愿早回来，而是尽量后延；如果清明节这天逢初一，她也要在二十八日回家。不管下雨、下雪，媳妇都得回婆家来。

因为在清明节的前一天下午,男人们都要到坟上去添土、烧纸、摆供祭奠,需要媳妇在家准备供品。西小章村的清明节节俗是很讲究的:男的要在节前上坟,已嫁女子则在节后;媳妇不给婆家上坟;未嫁女不能上坟。

清明节这天又叫"寒食节",第二天称为"大寒食",第三天称为"赖寒食"。20 世纪 50 年代以前,西小章人有在这三天里不能生火做饭的讲究,据说是为了纪念被火烧死的介子推。因此,西小章人要在节前预备好这几天的饭,一般会多熬一些用高粱米做的稀饭,认为这种稀饭凉着喝不害肚子疼。另外还要多煮些鸡蛋,多擀些单饼。在不动烟火的这几天里,可以在饼里卷上鸡蛋再撒点儿盐吃,喝高粱米稀饭,而不用做菜。20 世纪 50 年代以后,可以点火做饭了,但单饼卷鸡蛋配高粱米稀饭的节令食品则保留下来,成为清明节的传统食俗。自 20 世纪 90 年代以来,由于高粱产量很低,西小章人已经基本上不种高粱,高粱米稀饭便改作由小米、豇豆、绿豆熬成的稀饭,这一食俗还是大致传承了下来。西小章人的解释是,平常时节这种稀饭是可以随便喝的,单饼卷鸡蛋也可以随便吃,但是到了寒食这天就是必须喝、必须吃的,这就跟过腊八节喝腊八粥的道理一样。

以前,西小章村在清明节期间还曾流行过打秋千的活动。关于这一节俗,有两种说法。一种与介子推的故事有关,据说当年晋文公在深山里寻找介子推,遍寻不着,就扎起秋千来回悠荡,荡得高,看得远,以便寻找介子推的踪影。另一种说法是,秋千俗称"悠千",谐音"有钱",打秋千可以招财进宝。秋千架在清明节前就要扎好,从这天开始连玩 3 天,男女老少都可以玩。在西小章人的记忆中,最喜欢荡秋千的要属村里的小媳妇们,一荡就是大半天,嘻嘻哈哈欢笑声不断,大半个村都能听得见。不过,自 20 世纪 90 年代以来,西小章村已经多年不扎秋千架。西小章村的男人显然不大支持这一活动,认为早就应该禁止,理由是这种活动有一定的危险性,还用一句俗话作依据:"阳世人间三大险——骑马、行船、打秋千。"

端午节 农历五月五日为"端午节"。这天村民起个大早,到地里割点艾草,在大门上、窗户上插挂好。西小章人对这一节俗有两种解释:一是为了悼念忠臣屈原,大家用举艾的仪式象征着一起"举哀";二是插上艾草可避蚊虫邪祟。30 多年前,一些老年妇女还会趁孩子睡觉未醒时,在他们的脚腕上、手腕上缠上五色线,寓意辟邪。以前,在这一天时兴吃粽子。现在,因为

端午节正是农忙的时候，在企业上班者也不放假，故缠五色线、吃粽子的习俗已很少见。

六月六　到了夏天，整个山东地区地面温度很高，酷热难当，“夏天穿衣无君子”，更兼全面进入农忙时节，不适合举行社区节日活动，故传统节日很少。村民通常在六月初六这天吃顿饺子，既为庆祝小麦丰收，也让自己有一个闲歇空儿。

七月初一　七月初一又称“小年”“半年”，但过节也仅仅是中午吃顿饺子而已。

七月初七　七月初七是传说中牛郎和织女相会的日子，西小章人称为“闺女节”。以前，女孩们往往成群结伙，晚间找一处安静的庭园，悄悄地向正北磕头烧香。据说通过举行“拜北斗”的仪式，就可以求得将来婚姻的幸福美满。

中秋节　八月十五为“中秋节”，传统的节令食品是月饼、葡萄，以前还讲究在自家天井里烧香拜月。西小章人以刘伯温起义的传说解释吃月饼习俗的由来。据说在元朝末年，朝廷为了监视老百姓，每村都安排一个蒙古兵住着，家家都得拿他当老子一样供奉着。刘伯温准备起义时，为防止风声走漏，便把信包进月饼，发送到各地义军手中，信上写的是“年黑夜，杀鞑子”。西小章村还有种说法，蒙古兵为了控制民众，全村只留一把切菜刀，谁用谁借。到了八月十五这天，大家在相互送月饼时，里面藏着大年五更杀鞑子的通知。当地至今仍流行一句歇后语：“大年五更杀鞑子——齐了心了。”现在村里流行在节前给长辈和亲戚朋友送月饼的习俗。

重阳节　九月初九重阳节，西小章人视之为一年之中的大阳节，阳气最重。村民认为，九月初九的单数均为阳，而且“九”又是单数里面最大的，所以这天阳气最重。传统上，有些女人会在这天举行磕头烧香的仪式，但现在已说不清其中缘由。近年来，国家提倡在九月初九这天过“老人节”，但这一倡议在目前的西小章村并无多少影响。

十月初一　这天是西小章村的“大鬼节”，要去给老人上坟，仪式与清明节差不多。上坟的顺序依然是男人节前，女人节后。

四、红白公事

西小章村是马氏家族的主姓村落，村落与家族是同构关系，这使得村落内部的人情往来特别凸显出家支和家庭的单元。总的说来，西小章村在人生仪礼方面较为繁杂，不过村民似乎乐此不疲。如在男婚女嫁方面，不仅礼仪繁多，而且礼物也比较重。送催妆时，庄里乡亲要普遍随礼；新媳妇三日回门时，要从娘家带回来“体恤饭”，有资格参与分享的近亲都要随五六百元的“脸面钱”。在人生仪礼的实施过程中，村内礼仪权威的作用不可小觑，这对于传统礼仪传承乃至整个社区秩序具有一定的保障作用。马镇华是西小章村的“仪式专家”，长期操持各种仪式活动，不仅包括婚丧、选宅等事宜，也是竹马、武术等组织活动的权威。

（一）通婚圈

20 多年前，西小章村人的通婚对象主要来自邻村，如本镇的王珂、孙斜子、南营、宋庄、赵家庄、张庄等村，也有少量来自于龙池镇、石埠镇等地，大致在以本村为中心的 10 公里的区域内。虽有从外省市嫁过来的媳妇，但其父辈往往曾在西小章村的邻近村落生活，后因某些原因搬迁到外地，所以这些媳妇在附近都有血缘较近的亲戚。如马胜泉妻子陈华佩的父母虽居住于东北，但老家就在邻村，现在还有近亲居住。马永生妻子的娘家也在东北，但她姥姥家和姨家却在本地。现在随着年轻人外出上学、就业的增多，情形已大为不同，传统的通婚圈已经大大扩展了。

以前，村里在择偶方面有个不成文的规定，同姓人不得结为夫妇，这也就意味着本村人不能通婚。该规矩现已有所松弛，不过村内通婚者仍是村民眼中的“异类”。在西小章人的记忆中，村内通婚的现象在本村统共只有两例：第一例出现于 70 多年前，这桩婚事在当时曾受到全村人的耻笑，该夫妇婚后育有一子二女；第二例发生于 20 多年前，那里就引不起多大波澜了。

在择偶程序上，现在男女双方虽然都是自由恋爱，但真要结婚时，一般仍要找一个媒人作象征性的“介绍人”，这与以前相比已有极大区别。以前，婚姻关系的缔结确实要依赖于“父母之命，媒妁之言”，男女双方在婚前是不

能接触的。对于村里70岁以上的老人来说，他们的婚姻基本上是由各自父母决定，不能自己做主。据村民马镇华说，他的婚姻就完全遵从“父母之命，媒妁之言”，在迎娶新娘之前，他从来没有和新娘见过面。不过，双方父母倒可以暗中相亲，一般是在媒人说合之后，会找机会在公共场合打量未来的女婿或媳妇，如果双方大致满意，这门亲事就算定下来了。即使在20世纪90年代初，自由恋爱的例子在村里仍极少见。现年50多岁的马焕伟、刘胜荣夫妇，当初就是经过自由恋爱结婚的，他们在“看一场电影，理一次发，吃两个包子”后就谈婚论嫁，在当时的西小章村成为笑谈。然而，仅仅10来年后，他们那种自由恋爱方式就已经显得“老土”，现在的男女双方经过几个月的自由恋爱后，觉得合适，就可以同居，女方甚至可以在男方家中大大方方地住下生活。再过一年或者稍长的时间，就可以谈婚论嫁，找一个人当“介绍人”，同时筹备婚礼。

现在的“介绍人”，虽然在整个婚礼过程中似乎只具有象征意义，其实仍有一定的实际作用，主要体现于男女双方的定亲仪式以及潜存的经济纠葛之中。按照西小章村的规矩，举行婚礼时媒人在场与否没有多大关系，但定亲时必须要有媒人在场，因为定亲时双方有钱物传递，需要有人在一旁做个公证。举办定亲仪式的时候，同时也是谢媒人的时候，哪方请的媒人，酒宴便由哪方布置。以后若婚姻难成，媒人便有站出来作证的义务，当时过手多少钱、多少东西(折合成多少钱)，概由媒人代为索要。若是女方主动提出退婚，则女方应还给男方钱物；若是由男方主动提出，女方便可以不予退还。总之，主动提出退婚的一方，要准备承受一定的经济损失。

(二)婚　礼

合八字　在西小章村，男女订婚前有“合八字”的讲究。虽然现在村里年轻人普遍以自由恋爱的方式来选择配偶，但在订婚前，还是要找一个懂阴阳的为两个人“合八字”，看一看两人命相是否相犯，当然这越来越只具有象征性礼仪的性质了。村民马镇华经常担当这一角色，他认为还是应该郑重行事，否则是不合规矩的。在他看来，每个人的“八字”都不一样，要看父位、母位、夫位、妻位，如果两个人“八字”确实不合适，一定要告知双方，可以另外寻求方法破解，而且一般都能有方法破解。

送彩礼 无论是媒人介绍还是自由恋爱，只要双方满意，就可以定下这门亲事。此时，男方需要向女方家里交纳一定的钱财和实物，俗称“陪礼”。在 20 世纪五六十年代的时候，男方向女家“过彩礼”不兴用钱，认为“财礼钱”是旧社会中陈规陋俗的一部分，谁要有送财礼钱的想法，不仅意味着思想落后，而且还可能面临一定的政治风险。那时候“过彩礼”非常简单，一般就是在定亲那天，男方托媒人将四双袜子、两副打腿用的带子和两条裤子送到女方家，同时女方还要回送一顶帽子和一双鞋，一门亲事就算定下来。在 20 世纪 80 年代，定亲所需彩礼钱一般在 100～200 元。如村民马德仁、张杰芳在 1986 年定亲时，男方将 200 元彩礼钱交到女方家长手里，很是体面，因为这笔钱在当时算是一个不小的数目。① 此后，男方须送交女家的彩礼钱日渐增长，10 年前是 8800 元或者 10800 元；如果不给女方买服装和化妆品的话，还应多给女方 1000 元，让女方自行选购。另需送给女方“三金一木”，“三金”即金戒指、金项链和金耳环，“一木”是一辆木兰牌摩托车，一般需花费 2 万元左右。到了现在，男方结婚花费都在 10 万元以上，近年来又时兴在县城买一套房子后再结婚，花费就更多了。显然，结婚对于男方家庭来说，所承受的经济负担是比较沉重的，而嫁女一方基本上没有什么经济压力，甚至可以收到数额不菲的彩礼钱。对于一个家庭来说，生女似乎比生男合算：“有男孩子的父母都得勒紧裤腰带，条件好的能不借债，差的就得借债。”②

举行订婚仪式 订婚前先要将订婚文书写好，一式两份，男女各拿一份。这一带所用订婚文书的形制是：外面是一个红信封，上面用毛笔书写“订婚证书”四字；背面用两个老式订针并排着把信封口封好，寓意“成双成对”；针上穿一根红线，寓意“千里姻缘一线牵”；里面是一张红纸文书，上写订婚人姓名、年岁（写阴历出生年月日）、双方父母及介绍人的姓名、举行订婚仪式的日期等内容，还有“本人同意，媒人介绍”以及“父母同意”等字样，以显示权威性。以前，还要在订婚文书里写清男女双方在自己家庭中的排行，以行一、行二等方式注明。据说，这是因为过去男女婚前互不见面，曾有过男方和女方家中的二女儿订婚，结果在结婚时女方故意将大女儿送来顶替的事件。在订婚文书中注明排行，就是为了防范这类顶替现象的发生。

① 马德仁，男，西小章村人。张杰芳，女，西小章村人。访谈时间：2004 年 1 月 2 日。
② 马炳辉，男，西小章村人。访谈时间：2004 年 1 月 2 日。

订婚那一天要摆订婚宴，俗称“喝订婚酒”。宴席在就座次序、上菜程序与招待礼仪方面非常讲究，丝毫马虎不得。男女双方各在自己家里摆设酒席，宴请至亲。订婚酒席一般规模都不大，约为两桌，姥爷或者舅舅坐于主位。自家直系亲属如父亲、祖父等则不上席，请来帮工的人也不上席。整桌酒席共有 12 道菜，上菜顺序是：先上 4 个盘，两荤两素，两素中一定要有一道由菠菜、白菜和蒜做成的“义和菜”；再上菜时，须一荤一素搭配着上，同时撤换下桌上的两个盘子，让宴席上始终保持 4 个盘子的规模。客人吃到 6 个菜时，再上的荤菜必须是鱼。此时，家长就要到席上来殷勤敬酒了。

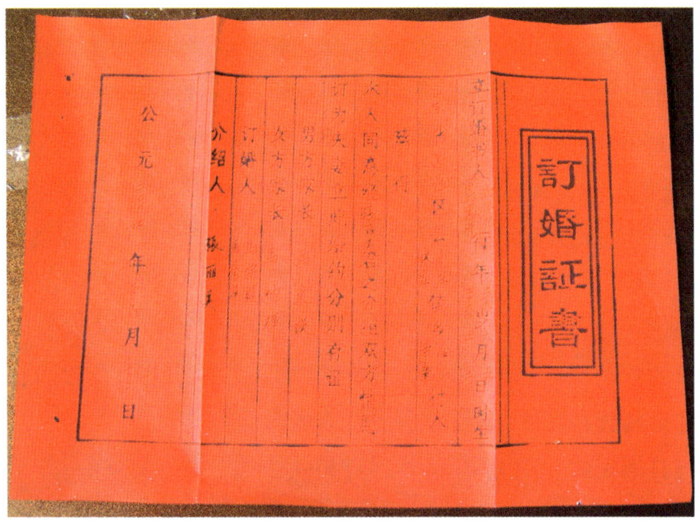

訂婚証書

男方家长

女方家长

訂婚人

介绍人

公元 年 月 日

西小章村订婚证书

打折干　指男方父母为将要结婚的新人购买家具、家电，以及为女方买好作为陪嫁用的电冰箱、洗衣机等电器，俗称“打折干”。现在一般是由男方家老人准备好钱，让男女青年自己去选购，并在婚期的前几天抬到女家来，迎娶那天再搬回去。女方只需准备被褥一类生活日用品即可。定亲以后，如果男方提出解除婚约，已交与女方的所有物品就不能退回；若主动提出解除婚约的是女方，女方就要将所纳物品退还男方。

送催妆　这是西小章人按照礼尚往来原则“随份子”的习俗。以前，这一仪式是在结婚的前两天举行。主家在“送催妆”的前一天下午发送请帖，请大家来赴宴。来者不会空手而来，邻里亲友一般是每人 5～19 元，亲戚每家送 20 斤馒头或 100 元钱。女方的姑、姨之类亲戚一般会买瓷盆、暖瓶等，作为礼物送给新娘子。主家请完客后，要给每家要回赠 6 个馒头和喜糖算是谢礼。现在，“送催妆”已改在结婚当日，所有来贺喜赴宴的人都是以钱代礼，百元至千元不等，主家一律回赠一包喜糖，这已经与遍行大江南北的“随份子”婚俗一致了。

新郎“辞山” 这一仪式，实即新郎的“成年礼”，只不过这一成年礼现在已经包含在繁杂的婚礼之中了。刚完成“辞山”，马上就要实施“踩炕”仪式，对男方进行各种暗示与启迪，敦促其为家族、家庭担负起传宗接代的责任。村民马镇华谈道：

> 临出门的时候，先给父母磕个头再“辞山”。就是到大门外面，供飨供飨天地，谢谢天地，这叫“辞山”。以前迷信，山上有庙，神在庙里保护着我，我结了婚了，成人了，不用在山上了，叫“辞山”。辞完山回来，给老师施礼，给武功老师和文学老师施礼。到老师家，给老师说“来施礼了”，老师说“不用了”，也就是免了。给老师施完礼上轿，一路上没有别的事。到了丈人家，先吃吃喝喝，到女方那里施个礼，不用跪。然后上轿，就回来了。
>
> 回来以后拜天地，先给父母磕头，然后是两口子的事了：一拜天地，二拜高堂，夫妻对拜，送入洞房。床的四个角有栗子、枣，还有钱，那时候有清钱、铜子，有的是洋钱，有的是“大头”。穷的人家呢，就放铜子、铜钱。临上轿以前要踩踩炕，踩完了炕要给老的磕头。踩炕有种说法：“新人踩炕，儿女兴旺。”①

举办婚礼 婚礼中礼数较多，而且形式常有变化，以喜庆热闹为主。但有些老规矩还是不能变，如接新娘子时必须让大伯哥去，没有亲的就找远房的大伯哥。在西小章村，公公、大伯哥在新媳妇面前都很严肃，凡事一本正经，禁忌与新媳妇开玩笑。新媳妇也有着种种禁忌，如路上不管遇到什么事都不能下车，俗称“黄豆面鞋不着土”，因为以前新媳妇穿的鞋是用黄豆面一层层粘的，一般人的鞋则是用糨子粘的。因此，去接新媳妇是件很严肃的事，需要找一位处事稳重的大伯哥亲自出面，小叔子是不行的。村民对此的解释是：“小叔子不

① 马镇华，男，西小章村人。访谈时间：2003 年 12 月 24 日。

行，他净胡闹。”“小叔子他不行，他把新娘子能摔到沟里去。”

男方去接新娘，临走时要叩拜父母，象征着从现在起他已长大成人。传统上，陪同新郎迎亲的两人，俗称“驾毡”，不能空着手去，要抬着装有5公斤馒头和油的食盒，留给女方家作为“当日礼”。现在，男方一般是租用轿车迎娶新娘，去和回要走同一条线路，不能更改，寓意“一心一意”。

嫁女之家也在这天提前做好了准备，要郑重其事地设宴待客。一大早，男方就会来人来车将女方嫁妆搬走。上午9点，男方如约前来，正式迎娶新娘，女方酒宴大约从9点喝到11点。新娘被娶走后，新娘父母一家再招待前来帮忙的亲戚，大约再开两桌，一共三桌酒席。女方会提前几天就订下本村善于烹调的大厨，提前一天备办菜蔬，准备好烟酒。近年来，在本村小饭店待客的情形越来越多。

传统的迎亲仪式凸显的是男性主权意识，男方引导整个仪式的进行。如在1959年村民马镇华的婚礼上，迎亲的轿子是4个人抬，两乘轿，男女各一。新嫁娘要乘坐的一顶叫“花轿”，去时在前，但不能空着，而由新郎官坐在里面，俗称“压轿”，后面的男轿也不能空着，抬着馒头抬着肉。到了女方家后，把馒头和肉放下。回男方家时，新郎官坐回到男轿中去，将新嫁娘接进花轿中，此时变为男轿在前面领着，女轿在后面跟着。总之，无论是前往还是返回，也无论是男轿在前还是女轿在前，总是新郎官在前方引路。

新娘离开娘家，也要带上两位男性，叫“相轿客”。一般是亲哥或堂哥，属相不能有冲犯。新娘要带上花卷之类的随身饭，另外拿一个馒头，用小手绢包好带走，寓意“吃不了兜着走”。男方早已找好两名女子，等新娘子一来就帮扶着下车，举行拜天地等仪式。

在结婚的第二天，新娘要回门，由娘家派人来把新娘接走。第三天，娘家再把新媳妇送回来，这时要带回来“体恤饭”，有馓子、鸡蛋、油、酒、罐头、点心、饼干等，男方家的姑、姨、姥娘、妗子每家都会得到一份，西小章人俗称“分份子”。拿到“体恤饭”的家户，这时要给“脸面钱”（也叫“喜钱”）600元或800元。这天下午，男方要上喜坟，先去家墓，再去祠堂，将喜讯告知列祖列宗，表示自己开始顶门立户。新媳妇和婆婆就在家忙着“分份子”，用纸箱给每家亲戚送去，换回“脸面钱”。第四天，男方要请自家大爷、叔叔、姑等亲属来家一起吃顿饺子。按照这一带的老规矩，在结婚后的三天里，姥姥是不能来外孙家的，所以新婚夫妇要在第五天带上“体恤饭”走姥姥家。婚后第九天，新娘的父亲和叔叔要到新郎的父母家拜访，互认亲家，将已出嫁的女儿接回家长住，俗称“叫九日”。

（三）特殊婚制

冥婚 西小章人将冥婚称为“轧阴亲”“结阴亲”。在西小章人的观念中，孩子12岁以后就被认为已经成人了。在这个年龄之后死去的未婚男女，其父母于心不忍，一般会为其安排一桩冥婚。他们会托人打听谁家有孩子成年未婚就过世的，也有媒人从中说媒的。如果双方家长都同意，这桩婚事就宣告成立。据村民介绍，“轧阴亲”的现象过去、现在都有，现在由于经济条件的提高和国家政策的宽松，“轧阴亲”的现象越来越多，而男方的花费也日益呈上升趋势。在整个“轧阴亲”的过程中，最重要的是双方家庭的财物交换，否则仪式难成。财物交换的情形，显然是对世俗婚制的模拟，男方需要送给女方彩礼钱，而且数目一般比世俗间的彩礼还要多，最多有花到数万或数十万元的。“轧阴亲”的男方家庭，往往是父母经济状况比较好，或者是孩子遭遇车祸，父母领取赔偿金，却不忍心花这笔钱，就把钱用作“轧阴亲”的彩礼。村民认为，“轧阴亲”与正常娶媳妇一样，都是喜事，所以在这一天里都不能哭。“轧阴亲”的关键仪式是合坟，其日子是预先挑选好的，女方的嫁妆都用纸扎品，届时烧掉。20世纪90年代，西小章村有个“轧阴亲”的例子，是女方在20多岁时突发羊角风，掉到池子里淹死了，经人说合“嫁给”了孙斜子村一个未婚即亡的男青年。观看过“出嫁”场面的人，都说当时排场很大，超乎预料。冥婚在当今社会中的日趋流行，表面上看来是跟人们经济条件越来越好有关，但其根源仍是村民强烈的传统观念，经济条件的好转只不过让他们以前潜抑心底的愿望得以实现罢了。

“不落夫家” 20世纪80年代以前，西小章村及周边村落普遍有“不落夫家”的婚俗，即女子婚后并不立即长住夫家，要在娘家继续生活很长的时期，但要定期回夫家小住。“不落夫家”的时间有长有短，短则3年，长达20余年，而以七八年为常。村民对这一现象的解释是，在以前的老式家庭中，婆婆具有无上权威，年纪小小就嫁过来的新媳妇，被要求承担全套的家务活，难免出差错，所以媳妇就不愿在婆家住。同时，在农闲时节，婆婆也不

愿家里多个吃闲饭的人，媳妇自己或是带着孩子时不时地回娘家住上一段，婆婆是很赞成的。“不落夫家”一旦成俗，谁家的新媳妇要是长住婆家反而显得不正常，会被村里人笑话，受到“汉子恋床”或“媳妇缠汉子”之类的讥嘲。

这种“不落夫家”的婚俗，在不主张女子长住夫家的同时，也对防止其久住娘家不归有相应约定。一般而言，在女子婚后的第二天，娘家就会派人来把她接回去，第三天再送回夫家。此后，新媳妇在婆家要连住 6 天，娘家再次来人将她接回，从此就可以长住娘家了。但逢年过节，媳妇必须提前几天回到婆家生活。按照老规矩，媳妇每年居住在婆家的时间大约是 1 个多月，最多不会超过 2 个月。她在婆家居住的最长时段，是过年前后的一段时间。每年腊月初八，在娘家吃完腊八饭的媳妇必须回婆家过年，俗说“吃了腊八饭，媳妇把家还”，然后在婆家一直待到初三或初四，再返回娘家。其他如在二月初二、清明节等节期里，媳妇都必须回婆家小住。此外，怀孕后的媳妇要返回婆家生育，等婴儿满月后再重回娘家，婴儿也随母亲长住姥姥家。这种“不落夫家”的生活一般要持续七八年。不过，一直到自己孩子快结婚时才返回夫家长住的，也是常事。比如村民马炳辉的大姐，就是婚后在娘家住了 7 年才回婆家长住，而此时她的第一个孩子已经 6 岁：

> 分家的时候我是 6 周岁，那时我最大的姐姐已经 21 岁，我是最小的，(她)已经出嫁了，不过一直住在娘家，她一直住到第二个孩子 3 岁才回婆家。一般是在婆家生了孩子，一满月就回娘家。只有中间过节的时候带着孩子回婆家，像清明、二月二、五月端午、六月六等等，过完节就回来。大年初三过完节，初四就回来了，一年里面在婆家也就是住一个多月，顶多两个月。她能在娘家的大队拿到工分。那时候国家的规定不是按户口嘛，户口没迁，你就等于是这个地方的人。她是第二个孩子 3 岁的时候迁的户口，那时第一个孩子已经 6 岁了，在家里住了有 7 年。这还不算长的，还有更长的，这就是一个规矩，七八年很正常，20 多年的都有。咱村里的一些老姑娘，孩子都快结婚了才回婆家。外孙一直住到快结婚才回自己家。咱这儿大部分人都这样，就是长住。过去媳妇不愿住婆家，娘家也不嫌弃，一般都是娘家没有哥哥，或哥哥很少的，或只有一个小弟弟的，更有条件在娘家长住。要是哥哥很多，她就不能这样，就得住在婆家。但在娘家住个三年五载的是正常情况，哥哥

嫂子一般不说什么，那是应该的。嫂子也不住家，再说嫂子也不说，她说了也不算。那时候是婆婆说了算，她的权威大，媳妇为什么不愿意去婆家，就是因为过去媳妇都跟奴隶一样。家里和原来的样子差别不大，就是多了一个外孙。我二姐在娘家住了有两三年，她结婚晚，在“文化大革命”中期。大姐结婚是50年代末，分家时她也在。①

曾普遍时兴的“不落夫家”婚制，现在已经在西小章村消失。村民不无幽默地说，不仅现在姑娘出嫁后一直和丈夫住在一起，有些年纪不大的女孩还没结婚就已经“长住夫家”了：

咱这个地方历来不歧视外孙，外孙和自己的孙子一样，那时候有的外孙可以随母姓，也可以随父姓。他跟着姥娘家姓，没有歧视他的。外孙也可以入家谱，不过得注明，往往是姥姥家没有舅舅的时候才这样，一般也不跟着姥娘家姓。咱这儿有句俗话，叫“狗不咬外甥”，意思就是外甥不是外人，外甥在姥娘家，没有人欺负。

外甥血统里是自家，不属外，姑家姨家就不行了。外甥可以姓马（即可以随母姓），也可以不姓马。付邦栋就在村里跑了10多年竹马，男扮女装跑女四马。这个做外甥的，在村里的地位很特殊，别人没有的他先有。老人们老是问“那个谁呢”，都先想着他，格外疼爱他。他是马会计的表大爷，还健在。②

西小章村对外甥的亲密关系是很奇特的。在山东其他地区，村民对外甥虽也疼爱、稀罕，但往往不视为本家人，一般没有过继外甥的习俗，选择继子时要从本家族（哪怕是较远的家支）遴选。有段俗谣在山东各地广泛流传，流露出人们对外甥的复杂心态：“外甥狗，外甥狗，吃饱了，掖着走。”是说外甥在姥娘家吃饱以后，还想偷带些好吃的回去送给爷爷奶奶，表现出根深蒂固的“向外”心态。

“不落夫家”曾经长期流行于西小章村一带，让人不免想起春秋战国时期齐国“长女不嫁”的古俗。③ 一般而言，西小章村的“不落夫家”之俗，以男

① 马炳辉，男，西小章村人。访谈时间：2004年5月18日。

② 马炳辉，男，西小章村人。访谈时间：2004年1月9日。

③ 参见《汉书·地理志下》：“始桓公兄襄公淫乱，姑姊妹不嫁，于是令国中民家长女不得嫁，名曰‘巫儿’，为家主祠，嫁者不利其家，民至今以为俗。”

丁缺少或不足的家户最为典型，带有补足家庭劳动力的性质，而家中兄长众多的女子，则一般不会在娘家逗留较长的时间。其次，处于“不落夫家”状态的女子是不迁户口的，她所得收入要计入娘家家庭。再次，外甥具有比较高的社会地位，具有参加舅家村落社区活动的资格，还拥有选择随母姓还是随父姓的权利。在老一代西小章人的心目中，外甥在本村是处于被“抬”的地位，这其实反映了当地乡村对男丁的异常重视。然而，他们在对外甥血统予以高度认可的同时，又认为“姑家、姨家(的血统)就不行了”，以及对于外甥加入本家族后须在家谱中予以注明的规定，说明他们对外甥的重视，多是出于补充家庭男劳力的功利性考虑，而非古代母系大家庭制度在这里的传承遗存。

入赘婚 在西小章村，除马姓人家之外，另有付、张、李、吴、梁、隋、丁、朱等8姓共20个家户，约占村民总户数的5%，他们主要是通过“女娶男”，即招养老女婿的方式，定居在西小章村。

(四)葬　礼

备丧 老人在年纪大的时候，一般就开始为自己准备后事，西小章人称为“备丧”。除意外死亡的特例外，寿衣多在老人去世之前便已做好。寿衣的件数为单数，忌双数。不但有身上穿的，还要有头上戴的。一旦发现老人有死亡征兆，儿女必须日夜兼程地赶回家。在西小章人的观念中，老人弥留之际，儿女是必须守在身边的：

> 要是死的是个女的，快死的时候要告诉她娘家人，亲闺女、亲儿子也要头天来。闺女、儿子必须看着老的咽气。这里有讲究，比方说他有3个儿子、4个女儿，要是死的时候一个孩子也没回来，就是命里没孩子。死的时候若是孩子不待在眼前，就是没这个人，这叫“命里注定”。这也是约束着孩子到时候要赶回来送终。[①]

初丧时，首先要为死者沐浴更衣。往往在死者临死之前，儿女就要为老人擦洗身体、修剪指甲，然后为死者穿上事先备好的寿衣，换上新做的被褥。在确定死者死亡后，人们会在死者左手里放上一枚小钱和一条毛巾。小钱

① 周秀芹，女，西小章村人。访谈时间：2003年12月22日。

的币值不拘，其作用是让死者在去阴间的路上有钱花；毛巾则是为了让死者在路上休息的时候能擦擦脸，擦擦身子。此外，还要在死者的右手里放上用柳条穿成一串的7个“打狗饼子”，其原料为白面、酸枣棘针和头发渣，意在防备死者在去阴间的路上被狗咬，有了“打狗饼子”就能制服恶狗。

治丧班子 西小章村的治丧班子，由一个主丧先生、一个记账先生和若干帮忙人员组成。主丧先生无疑是治丧班子中最重要的人物，职责最重，原则上所有人都要听从他的安排。除意外死亡之外，一般在死者弥留之际，主丧先生就会被请到死者家中。从此刻起，他就一直在死者家主持工作，一直到3天后死者入土为安。西小章村有丧事，一般都会请马镇华做主丧先生，由他全权负责操办。马镇华认为，主丧先生的职责是引导整个葬礼活动有序进行，保证礼数正确与程序完整。因此，对于哪一天哪一刻应该干什么、怎么做、需用哪些物品，主丧先生都应了如指掌。如果有人不懂礼数或错了礼数，主丧先生就要给他解释清楚，严格纠正过来。主丧先生还有一个重要的职责，就是协助、监督记账先生的工作。

除了主丧先生，治丧班子中最重要的人员便是记账先生。在整个治丧过程中，由他掌管着每一笔费用的收支情况。丧主将全部丧葬费用都交于记账先生管理，任何费用的进出都要经过他的手。帮忙者需购买物品时，要到记账先生那里领取现金，而不是找丧主领取。不过，记账先生虽然掌握着财权，但要受到主丧先生的管理制约，所有花销必须在其同意的情况下才能入账和支出，否则他不能处理任何费用。每天晚上，记账先生要把一天的开支情况整理明晰，与主丧先生一起核对账目，以防账目产生错误。比如哪些人领取了费用，领取了多少，购买何物，花费多少，如果支出费用没有花完，那么返回的这部分钱要重新入账。此时，主丧先生与记账先生之间更像是主管与会计出纳的关系。

治丧班子中其余的帮忙人员，一般都是过世者一家的近亲及平时过从甚密的好友。他们听从主丧先生的安排，负责治丧过程中的闲杂事项。

丧葬费用一般由孝子们均摊。在治丧过程中，如果费用短缺，主丧先生就会再找各位孝子收取费用。等丧事活动全部结束后，主丧先生要专门与丧主之家把账目结清。如果费用尚有剩余，余钱可用来购买纸扎。如果购买纸扎的钱不够用，那么兄弟们还要继续凑钱平摊费用。上述事情都做完

后，如果费用还有剩余，那么这些钱就要交给尚在人世的老人，作为日后生活费用。如果两位老人都已过世，这些余钱将由丧家兄弟们平分。

整个丧礼的程序主要有备丧、初丧、告丧、报丧、守灵、送浆水、发倒头马、发盘缠、掘坟坑、出殡、发棺、行灵、辞灵、入葬，细节繁多而富有温情。入葬以后，还有奠七与添七、百日与周年等后续仪式。在主丧先生的操持之下，参加葬礼的每个人都要根据自己与死者的关系，做出恰当的礼仪表示，悲痛而有节制。

西小章人告丧的方式别具一格。尸体暂时安排停当后，丧主家要在大门口插门头纸，告知村邻家里有丧事。如果死者为男性，就把门头纸插在大门左边，若是女性则插在右边。西小章人根据死者的年龄，来确定门头纸的插放张数，人们一看门头纸的位置与张数，就可知悉丧主家死者的性别与年龄，并将这一消息迅速传遍整个村落。

老人过世不久，火化车就会迅速来到，人们把穿着寿衣的尸体连同一套新被褥一起放到火化套里，送去火化。这时候，主丧先生开始安排写报丧帖子，以通知死者亲友。报丧帖子要用毛笔在白纸上书写，主要是告知亲友死者何时去世，将在何时出殡。报丧帖子一旦写好，立即让帮忙的人挨家挨户去送。

火化车将尸体拉走以后，丧主家立即安排做菜做饭，招待帮忙人员。在一般情况下，尸体当天就能火化。捧回骨灰盒以后，要恭恭敬敬地置放于客厅正北的方桌上，桌上同时摆上相片、香炉和祭品，俗称“灵堂”，还要有人一直“守灵”。祭品一般摆四个盘，放上梨、苹果、香蕉、橘子等鲜果，另有糖块若干。香炉里面点上三炷香，从此时一直到出殡，一直保持香火不断。在摆供的方桌底下安放一个丧盆，俗称“吉盆”，专门用以烧纸。

骨灰盒要在家里停放两天或者三天，具体情况要根据死者去世的时间来安排。马镇华的解释是：“如果死者是傍晚去世的，不超过 11 点，那么就在家停 2 天，称为‘小三日’。如果死者是早上去世的，那么就在家停 3 天，称为‘大三日’。”[①]也就是说，假设有两人在同一天去世，甲的死亡时间是早上，乙的死亡时间是晚上，那么出殡时间也都将在第四天，只不过在西小章人看来，甲是在家停放了 3 天，乙则在家停放了 2 天，因为乙在晚间去世，当天是

① 马镇华，男，西小章村人。访谈时间：2004 年 1 月 2 日。

不能计入天数的，只是为了凑足一个“三”字，故称“小三日”。“小三日”“大三日”之说，显然与村民以农耕生活为基础的记时传统有关。因为地里的农活一般只能在白天干，老一代村民有早睡早起的作息习惯，往往晚上 8 点之前就要上床休息，因而在他们看来，只要是太阳落山黄昏以后，就已经干不得农活了，不能算是真正的一天了。

村民将这三天分别称为“当一”“当二”“当三”。在这期间，死者的子女都要在家里守灵，包括已出嫁的闺女，但尚健在的另一位老人不在守灵之列。一直到出殡前，灵堂前是不能断人的，村民的说法是“为了不让刚刚死的人感到孤单害怕”。守灵人之间可以相互替换休息。

人死之后，为了不让死者的鬼魂在前往阴间的道路上挨饿，家人要为死者“送浆水”。浆水是用生小米、生面和凉水混合而成，不能做熟，因为是“鬼食”。以前送浆水是到土地庙，因为庙早已拆毁，现在则是去村头，丧主家离哪个村头近就去哪个村头。送浆水的时候，要先为死者烧纸，烧完纸后再把浆水倒在上面。这项活动要进行 3 天，每天早、中、晚各一次，一直持续到出殡那天才中止。在第一次送完浆水回来后，丧主家要在家门口烧些纸扎物品和黄表纸，打发死者上路，俗称“发倒头马”。西小章人有句俗话说：“女坐轿，男乘马。”第二天晚上，丧家继续在村头为死者焚烧柜子、鸡或牛等纸扎物品，作为死者在阴间路上的路费，俗称“发盘缠”，其中牛是女性死者的专用品。西小章人对此的解释是，老观念认为女性不干净，死后要流很多脏水，而牛是专喝脏水的。比较讲究的主丧先生还要在为女性死者主持烧祭仪式时说道一番：

西小章村葬礼所用纸扎用品，轿专为女性所用

小黄牛，车后拴，
陪着妈妈到阴间。
碰着井，喝个猛，
碰着河，喝个干。

西小章村葬礼所用纸扎用品，马专为男性所用

西小章村葬礼所用的纸扎鸡

在这3天之内,死者生前的亲朋好友会来灵堂祭奠死者,一般都是本村人,俗称“辞灵”。这是生者与死者灵魂最后的告别仪式。“辞灵”者有男有女,男人一般是在灵前磕头4个,妇女则要以哭号表示悲痛。

在操持上述仪式的过程中,主丧先生还安排人把坟坑挖好。现在虽已不用棺材,但坟坑样式还是按照传统的老样式。坟坑,村民俗称“池子”,有简单地用砖垒起来的,也有用水泥砌好的,现在还有镶贴瓷砖的,根据各家户不同的条件来选择样式。坟坑前还要用砖垒一个火池,供烧纸用。

出殡是丧葬仪礼中最隆重的程序,礼数和讲究最多。老人死后第四天的早上,先预备好饭菜,招待前来送行的亲朋好友,所摆之席应为双数,死者的直系亲属此时不能上席。吃饭时,死者长子的两个妻舅要坐于主席主位。妻舅的作用是“扶丧”,即在行灵过程中负责搀扶孝子,每个孝子身边各有两位妻舅扶持。如果孝子的妻舅不足两人,则由丈人那边负责另外找人替代,替代者须与孝子妻舅为同辈人。吃完饭后,一般是等到上午10点多钟,出殡仪式就正式开始。

出殡仪式的第一步是“发棺”,就是把骨灰盒迁出灵堂,放进灵车里,这时大孝子要把灵堂里的丧盆拿出来,在灵车前摔碎。如果是招养老女婿的家庭,此时便由女儿代行孝子之职,而不是女婿。西小章人将这一仪式称为“请丧打瓦”,认为这意味着死者魂灵将彻底离开家院,不再回头。摔完丧盆后,送葬的队伍就开始出发了。“行灵”队伍中人员的先后顺序是有规定的,都由主丧先生负责排定,俗称“排孝”。队伍的最前面是灵车,后面是死者的长子,其两边各有两个妻舅搀扶,随后是其他的儿子。儿子后面是其他的男性亲属,如孙子、侄子、外甥等,再后面是女性亲属。死者的同辈兄弟是不去墓地的,他们把灵位送出大门即各自回家了。

在这支送葬队伍中,每个孝子孝孙手里都拿着一根用柳木做成的哭丧棒,以棒触地,且哭且行,大孝子的最粗,以示不胜其哀。死者的儿孙、亲侄、堂侄、外甥、侄孙及妻子都穿白色孝服,戴白孝帽,其余的人只需要戴顶白孝帽即可。孝服又分为大领和直身两种,大领的样式是偏襟,直身的样式是对襟。大领为重孝,由儿子、亲侄、外甥(死者为此人的舅舅)及他们的妻子穿;直身是偏孝,由堂侄、孙子、侄孙、外甥(死者为此人的姥爷)及他们的妻子穿。在行进的路上,他们要不断撒放纸钱,俗称“买路钱”,村民认为这有助

于死者的灵魂平安到达阴间。

队伍到达墓地后，孝子的两个朋友先把骨灰盒从灵车上抬下来，在坟地附近面南而立。孝子分两排跪在骨灰盒的南边，东西相向。来吊孝的客人一般是两人一组，在骨灰盒前磕 4 个头，不烧纸。

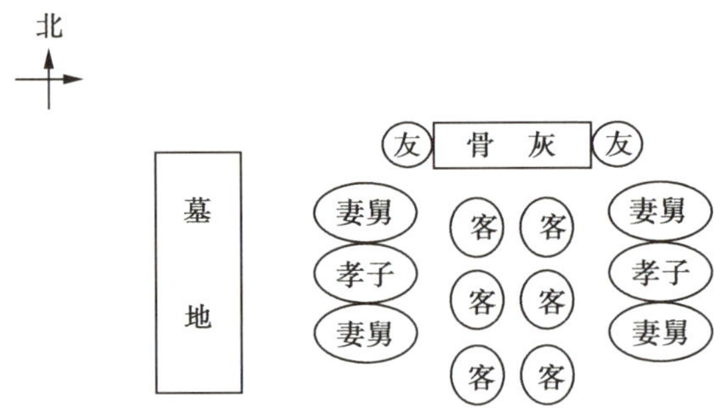

小章村吊孝人员方位示意图

吊孝完毕后，一般在下午两三点钟举行安葬仪式。帮忙者把骨灰盒放到坟坑里，孝子把栗子和枣放到墓中 4 个角上，每个角放栗子、枣各一个，取谐音“早立子”之意，期盼死者能保佑子孙后代人丁兴旺。此后孝子回家，由帮忙者将坟添起来，俗称“筑坟”。孝子回家后，与主丧先生、记账先生将账目结清，辞谢帮忙人员，整个丧礼宣告结束。

此后，丧家还有对死者的一系列纪念活动，但主要是在家族的小支内进行，不再兴师动众。其中最主要的是“奠七”“添七”“百日”“周年”等仪式活动。

从死者死亡之日算起，每隔七天丧主家都要举行一次焚香烧纸的活动。在西小章村，“一七”“四七”“六七”一律不上坟，“七七”只需要在坟头烧纸即可。“二七”上坟，需要在坟前烧几件纸扎的柜子。在西小章人的观念中，“三七”比较重要，这是死者在阴间的安家之期，所需纸扎物品有锅、碗、瓢、盆、桌椅、茶壶、茶碗、茶盘子、燎壶、暖壶等。这一天，女儿婆家的亲戚都要过来参加祭奠活动。此后，子女可以取下黑袖章，也不用再穿白鞋。“五七”在奠七中是最重要的一天，要在死者坟前焚烧大量的纸扎物品，如金山银山、金盆银盆、宝屋、凉亭、电视、饭橱、轿车等，购买这么一套纸扎用品至少需要 400 元。纸扎物品的做工很是细致，单是一个宝屋里面就有被子、衣服、鞋等。马克录是西小章村的纸扎匠，1930年生，虽腿有残疾，但心灵手巧，多年来一直做纸扎。据说他扎制物品的样式都是自己琢磨出来的，属于无师自通。他扎制的物品主要有水阁凉亭、小汽车、聚宝盆、小椅子、电视、冰箱等，物品种类相当齐全，生意很好，不仅本村村民来买，外村村民也多有来买的。西小章人不用出村，即可解决这方面的需求。

西小章人对“七”怀有很深的禁忌心理，如果死者辞世的那一天逢七，包括“十七”“二十七”，第二天圆坟的时候要插100杆用烧纸做的小旗，俗称“添七”，表示对死者特殊“死期”的应急防范。在西小章人的传统观念中，人若死在逢七日，在阴间是要吃官司的，插了很多小旗之后，就等于布下了迷魂阵，鬼兵鬼将即使想来捉去提审，也对死者无能为力了，只能放他一马。

另外，家人要在死者死后的第一个清明节烧“摇钱树”，第一百天和第一年的忌日要上坟烧纸。到第三周年忌日的时候，除了为死者烧纸，还要烧一些纸扎的衣服，衣服款式则要根据死者的性别、年龄决定。

对于未婚而亡的女子，西小章人要从礼仪上加以区别。按照老规矩，如果女性未曾订婚便夭亡，既无夫家殡葬，也不能进家族墓地，只能埋在大路边，而且不能有标志，俗称“无主坟”。若她死时处于订婚待嫁状态，便应埋到未过门婆家的墓地里，而且要算作未婚夫的长房，其未婚夫后娶的女性只能算“继室”，继室生的孩子应称呼她为“大娘”。大年初二时，家中孩子要先到已死大娘的娘家给她的父母磕头，称呼“大姥爷”“大姥娘”，然后才能去自己的亲姥姥家。

第三章

尊祖敬宗

1996年，对于西小章村来说是极不寻常的一年。在这一年里，西小章人完成了三件大事：重修祠堂、续修族谱和翻新竹马。由此，1996年与始迁祖马原定居西小章村的明朝洪武二年（1369年）、潍河决口淹没西小章村的1912年一样，在村民记忆中占有着特殊位置。西小章人在日常聊天时，话题经常要拉扯到1996年。

西小章人的祖先崇拜观念，经由1996年的这些活动而得以强化。在西小章村，不仅仅是祠堂、族谱，即便是竹马表演，也被村民视为纪念先祖的一种方式。

一、续　谱

在1996年以前，西小章村马氏家族曾有过3次修谱活动。修撰于清朝乾隆二十八年（1763年）的族谱，是西小章村马氏家族有史以来的第一部谱书（下称“西小章乾隆谱”），十一世祖马国桢因此特意撰写《始修谱序》，提及“吾族从未有谱，无所考订”，此前只有影轴：

吾族影轴，自先世轮流奉祀某庐舍，破漏大雨时至，影幔被浸，而三公四公名位有缺。吾族从未有谱，无所考订。二叔祖景瑞公粗记字讳，命余分清支股，序明世系。四支宗派，犹得至今。不爽惟三公四公二三辈之间，稍有缺略为憾。[1]

该序还提到这支马氏家族的源流问题：

> 始祖讳原，其先无所考，相传为观阳元真人马端阳之苗裔也，盖其地有马夫子庙云。我始祖于明初卜芙蓉郡崇德乡东岳庙前而寄居焉。诞生四子，伯仲叔季。[2]

马国桢生活于清朝的康熙、雍正、乾隆三朝，由于信息不通，当时还不能将本支马家人与观阳（即今莱西市双山村）的马氏老家人联系起来，因而只好说马原“其先无所考”“相传”云云。

第二部族谱修撰于清朝光绪三十一年（1905 年，下称“西小章光绪谱”），为十八世祖马克钧与二十世祖马德云共同主持修撰。马克钧和马德云都是当时地方上的名人，马克钧在昌邑县做过讼师，马德云则是村里的教书先生。该谱把族谱的辈分续修到第二十一世。

这两次修谱有一个共同点，都是以西小章村马家人的始迁祖马原为一世祖，依次排列下来。据说在 1906 年，莱西双山马家人前来与西小章村联系，欲联宗续谱，但西小章人刚刚在一年前完成续修，不想再费劲调整。莱西双山马家在 1906 年续修族谱（下称“莱西双山光绪谱”）后，向西小章村赠谱。西小章人找了个省劲的办法，直接将“西小章光绪谱”一卷与“莱西双山光绪谱”三卷并置，从此有了四卷族谱，俗称“老谱四卷”。不过，在西小章村的“老谱四卷”中有一个奇怪的现象：在三卷“莱西双山光绪谱”中，以莱西双山的始迁祖马室为第一世祖，以从莱西双山迁居西小章村的马原为第七世；在第四卷“西小章光绪谱”中马原则排作第一世。尽管在同一套族谱中出现了两种前六世的排序，多少显得有些滑稽，但当今西小章人还是对前辈给予充分的理解：

> 因为当时和老家断了联系已经很多年了，已经说不清楚了，就直接以原祖的支派往下修。这么办，原因就是在明朝失去了联系。那时候路途遥远，来往交通不方便，又没有什么通信工具。[3]

---

① （清）乾隆二十八年西小章村《马氏族谱·始修谱序》。
② （清）乾隆二十八年西小章村《马氏族谱·始修谱序》。
③ 马炳辉，男，西小章村人。访谈时间：2004 年 2 月 8 日。

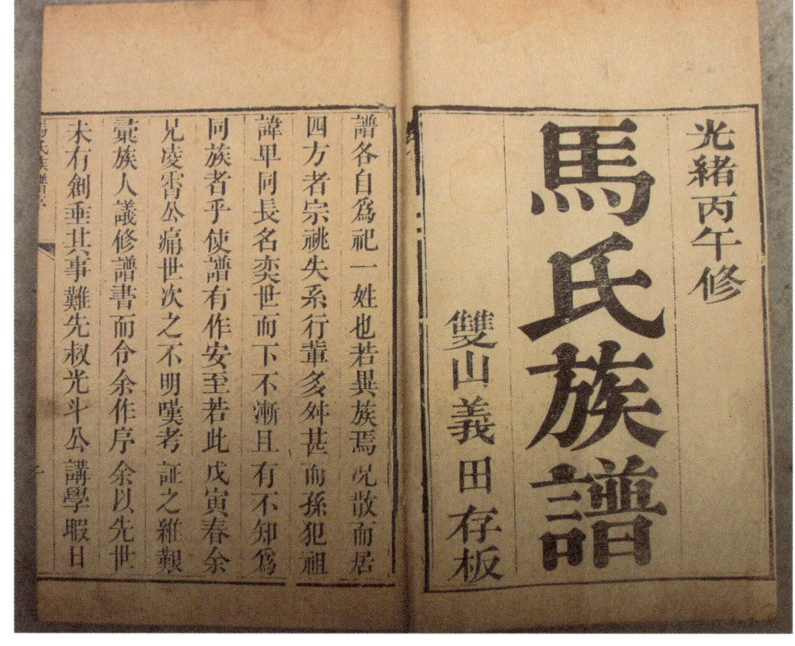

莱西市双山村在清朝光绪丙午年(1906 年)所修的《马氏族谱》

西小章村的“老谱四卷”

1996年，西小章村开始了历史上的第三次修谱活动。首先是部分村民向当时担任村支部书记的马兴墀反复提议，后来支持修谱者越来越多，马兴墀也就“顺应民意”，不仅同意修谱，而且担任了修谱工作的“名誉主任”，向全村所有马氏家族成员倡议捐资重修家谱。这次修谱工作未动用村委会一分钱，全部由马氏家族成员自愿集资。

修谱的具体事宜由一个修谱小组负责实施。修谱小组共有6位成员：马泮林、马明胜、马明江、马继茂、马焕彩、马镇华。这6人各有分工，马泮林是会计，马明胜是总管，马明江和马继茂主要负责撰写，马焕彩和马镇华负责收集资料。在征得全家族成员的一致同意后，修谱工作便紧锣密鼓地展开了。从1996年9月份开始，修谱工作历时3个月，在11月份顺利结束。村民解释说，之所以把修谱时间定于9月之后，是因为此时到了农闲时节，大家才有空操持，毕竟修谱有很多琐碎事儿要处理。

修一部族谱的确不易，西小章人要想在短时间内完工，需要修谱者有高度的工作热情和工作效率。村民修谱的热情，从新修族谱的《重修族谱序》中可以感受到。有意思的是，西小章人自觉身处在“改革开放之大浪潮”中，担心自己“思想观念远跟不上历史潮流”。在这些话语的背后，其实是村民感受到当时国家政治气氛的宽松，不愿意错过修谱的好机会，担心以后如果国家政策有变，将会造成终生遗憾。于是，在修谱开始和修谱结束都没有举行任何仪式，紧锣密鼓地进行了3个月后，修谱工作便宣告结束：

> 马氏宗族功业千秋，固本生源，先祖的子孙人才倍(辈)出，报国志士云涌当今，对光宗耀祖增添了辉煌。人们的宗族观念倍增。水有源，人有宗。马氏族谱虽然保存完好，但由于过去的几十年地(的)浩劫动乱，人员变迁流动，走失毁灭，遗弃沦亡。鉴于如此情况，重修族谱势在必行。
>
> 廷亮、思国、均廷祖父与龙潜叔及泮升弟倡导并协助重修族谱，合民心得民意，全族人员热烈拥护，勇(踊)跃集资，并组成以明胜为主的六人小组，即泮林、明江、镇华、继茂、焕彩等。经过几十天的调查、走访，不畏艰难，长途跋涉，千里寻找，查对承上接下，有错就改，终究做到了流失归宗，叶落归根，使马氏宗族的族谱完整有序的(地)延申(伸)千古。
>
> 马氏宗族祖(俎)豆千秋
>
> 祖功宗德永世长存
>
> 此次重修族谱，功在以明胜为首的修谱小组全体成员，经过几十天

的日夜操劳，终究完成了一部完整的马氏族谱，功在其中。

族谱一式六份，分别保管，以备本组人员随时查阅。保管人员必须精心保存，不得遗失、涂改和损坏，以传千古。

重修族谱业已完毕，由于水平和能力所限，难免有不周与不详之处。如有差错和遗漏，下次修谱加以增补和改正。①

修谱小组成员当时定下了三个原则，用以确定马氏家族成员能否上谱的标准。第一，"谱要清"。强调必须是马氏家族的正式成员，以保证马家血统的"正宗"。马氏家族收养的成员可以上谱，但要注明是"义子"。第二，年满 12 岁以上的男性方可入谱，姑娘、媳妇等诸女性一律不得上谱。第三，行凶作恶的马氏后人不得上谱。另外还规定，凡上谱者一律交人民币 10 元，以助修谱花销。

在这三个原则中，最关键的是"谱要清"。修谱小组认为，只有这样才能突出族谱的传统权威：

上谱和上影规矩不一样。以前没有儿子的不能上影，现在没儿子有闺女的也上影，讲究男女平等嘛。夭折的（不到 12 岁）的男性不能上影。②

有些人是跟着娘改嫁过来的"带犊子"，他们给多少钱都不能上谱。③

第二条是对性别和年龄的规定，西小章人仍旧遵循了老谱的老规矩。在修谱小组看来，现在各村修谱"越来越没有规矩"，正好反衬出西小章村修谱的"有规矩"。不过，对于"姑娘、媳妇等诸女性一律不得上谱"这一条规定，村里妇女私下里抱怨颇多，认为不仅已经不合时宜，而且显得很滑稽：

女的不上影！别的村里都上了，竹马的老家莱西双山村女的都上了，咱这里还是不行，得认命！媳妇、女儿都不能上谱，一个人要是没生儿子，在他的下面就空着了。人家都说西小章是"光棍谱"。④

1996 年修撰的西小章村《马氏族谱》，其"谱例"的确在这一带显得别具

---

① 西小章村《马氏族谱·重修族谱序》，该序落款为"一九九六年十月四支下十九世孙泮英敬书"。为保持原貌，其中个别不雅驯字词未作更改，而以圆括号在后面标出。

② 马泮林，男，西小章村人。访谈时间：2003 年 10 月 2 日。

③ 马镇华，男，西小章村人。访谈时间：2003 年 10 月 2 日。

④ 周秀芹，女，西小章村人。访谈时间：2004 年 1 月 8 日。

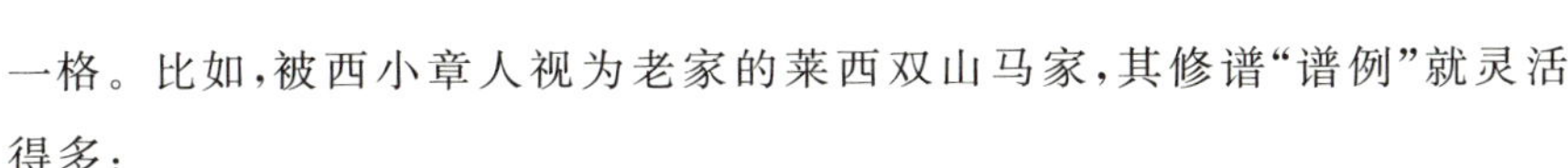

一格。比如，被西小章人视为老家的莱西双山马家，其修谱“谱例”就灵活得多：

再醮妇之有出者，均入于谱。其无出者，夫无先娶已故之妇，借再醮妇以继子，姑从宽准其入谱，非此者不入。

夫亡改嫁之妇，无子者不入于谱。其有子者，不注氏，与失考相混，概以配字注之。又，非事体公议改配为出，遇有此等，均注为出某氏，免相混杂。

族中有出继同姓不同宗者，理应革除。念是先人骨血，从宽一律添注，但注明出继某村同姓，不更叙其所继父祖，恶乱宗也。①

不过，西小章人就是要讲究谱例的老规矩。明确了规矩之后，具体操作起来就容易多了。由于此次修谱，入谱者范围较广，不仅包括本村，还有外地的，比如距离本村六七十里之遥的平度郭家庄。负责收集资料的马镇华等人就亲自前往该村，记下符合入谱条件者的名字，保证了资料的可靠性。

马明江、马继茂根据收集来的名单及资料，用毛笔仔细誊写。写完之后，又印了五份。原稿存在马泮升处，印刷的那五份分别保存在马明胜、马明江、马思阁、马克铁和马泮林手中。为何印数如此之少？马泮林认为：“写部家谱不容易，家谱带有保密性，不能给很多人看，家谱要由有威望的人保存。我们六个人，大家信得过，就存在我们那儿了。”②

西小章人虽然知道“双山修谱就不一样，一家一份”，但还是有意通过这类细节，强调他们在修谱方面与双山老家的差别。虽然这次修“新谱”采用了“莱西双山光绪谱”的辈分排序，但他们依然在后面附上了“西小章光绪谱”中的一份“马氏居昌邑县小章庄自一世至二世图”，这份世系图是以马原为一世祖的。这不仅不合修谱体例，而且让知悉内情的双山马家人很不满意。这其中反映的是西小章人一种怎样的心态呢？最早见于“西小章乾隆谱”中的《始修谱序》（马国桢撰），对明中期这两支马家人之间的一次内斗记载甚详，有助于理解西小章人对于莱西双山老家人的复杂心态：

始祖讳原……寄居之地，原有匠户马青山。我祖与之联宗，因亦帮

① （清）光绪三十二年莱西双山村《马氏族谱·谱例》。
② 马泮林，男，西小章村人。访谈时间：2003 年 10 月 24 日。

贴税银。其在观阳，本军户也。家中每来此收军徭，恒有武断气。季公下经、纪、约、络等与之角亢，遂弗通焉。自大清定□以来，余族遂为鄑城匠户，常赋其税，而族姓亦繁衍矣。

村民马炳辉对这次冲突的分析，代表了现今西小章人的普遍心态：

谱上记载，马原老头子来的时候祖籍是军户，老家那地方仍然是军户。咱在这地方住得时间长了，但因为名字还在那里，所以老家那里每年还来咱这里收军徭，就是收钱、收税，按照人口收税。咱就不愿往外拿，老家的又不让，三弄两弄就打起来了。俺四支上和老家的打起来了。不是马斌、马亨、马志、马原嘛！打得老家也不来了，俺也不去了。要跟着马青山这匠户籍的话，不拿军徭，那你得上北京交税啊。俺是从莱阳的军户转的昌邑的匠户，也就和老家断了交往了。

嘉靖年间属于明朝的中前期吧？“经”“纪”“约”“络”……是七八世的人吧，不也就过了100多年？我算了算时间，应该在明朝嘉靖年间。

老家来收军徭的事好像发生在明代初年，谱上都有记载。是20世纪30年代老家一位老头子来信谈到的。因为咱谱上是军户，是武将的传人，谱上说老家人来收军徭“恒有武断气”嘛。

与老家断了关系以后，这就入了昌邑的匠籍了。你没有户不行呀。①

前来收军徭的双山老家人何以“恒有武断气”？西小章马氏家族何以与前来收军徭的双山老家人打了起来？在这次冲突事件中，起因是昌邑西小章马家人该不该向双山老家交纳军徭。这显然是一场因经济纠纷而引起的家族内讧事件，尽管马家后世子孙极力将之解释为一个偶然事件，出于“为尊者讳”的心理而对先祖有所隐饰。因此，清乾隆二十八年(1763年)马国桢在所撰写的《始修谱序》中，才会将冲突的起因模糊地归之于来征收军徭者的“恒有武断气”。

这次冲突发生于明代嘉靖年间，引起双方冲突的主因是两支马家人关于军徭的征收与交纳。冲突的后果是双方往来由此断绝，直到20世纪初才再度有所联系。这场家族内部冲突何以发生？要想弄清究竟，首先要对明

① 马炳辉，男，西小章村人。访谈时间：2003年11月24日。

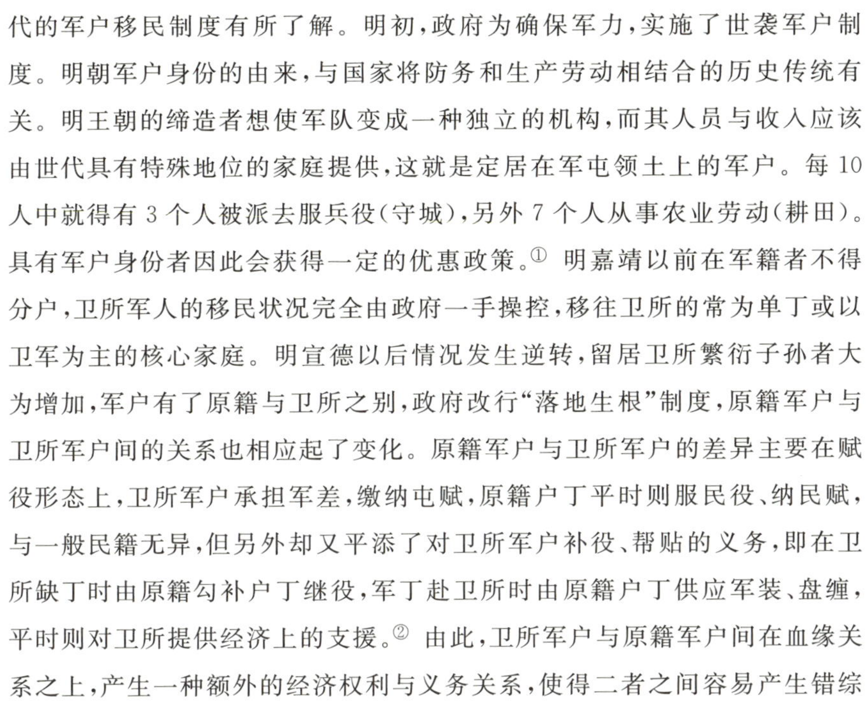

代的军户移民制度有所了解。明初，政府为确保军力，实施了世袭军户制度。明朝军户身份的由来，与国家将防务和生产劳动相结合的历史传统有关。明王朝的缔造者想使军队变成一种独立的机构，而其人员与收入应该由世代具有特殊地位的家庭提供，这就是定居在军屯领土上的军户。每10人中就得有3个人被派去服兵役（守城），另外7个人从事农业劳动（耕田）。具有军户身份者因此会获得一定的优惠政策。[①] 明嘉靖以前在军籍者不得分户，卫所军人的移民状况完全由政府一手操控，移往卫所的常为单丁或以卫军为主的核心家庭。明宣德以后情况发生逆转，留居卫所繁衍子孙者大为增加，军户有了原籍与卫所之别，政府改行“落地生根”制度，原籍军户与卫所军户间的关系也相应起了变化。原籍军户与卫所军户的差异主要在赋役形态上，卫所军户承担军差，缴纳屯赋，原籍户丁平时则服民役、纳民赋，与一般民籍无异，但另外却又平添了对卫所军户补役、帮贴的义务，即在卫所缺丁时由原籍勾补户丁继役，军丁赴卫所时由原籍户丁供应军装、盘缠，平时则对卫所提供经济上的支援。[②] 由此，卫所军户与原籍军户间在血缘关系之上，产生一种额外的经济权利与义务关系，使得二者之间容易产生错综复杂的恩怨情仇。

明清时期的莱西双山马家与西小章马家之间，正是卫所军户与原籍军户的关系。莱西双山马家是元初自云南迁居登州府莱阳县双山的卫所军户，此后则世袭军户。迁徙到西小章村的西小章马家，则属于“离乡不脱籍”的原籍户丁，平时像一般民籍那样服民役、纳民赋，另对观阳卫所军户有补役、帮贴的义务。然而，西小章马家始迁祖马原为了更好地在“寄居之地”西小章村谋求生存，与当地匠户马青山联宗，作为匠籍承担了“帮贴税银”的相应义务。至少在明代中期，两支马家人之间其实就已经产生了身份认同的纠结：在莱西双山马家看来，西小章人未脱军籍，对其有补役、帮贴的义务；在西小章人看来，自身已入匠籍，对双山马家补役、帮贴的义务也应自行废除。西小章人若要兼顾传统的军户身份与现实中的匠户身份，就要比常民多支出一份税银，冲突的根由就此埋下。“恒有武断气”，实际上是西小章人

① 参见[法]谢和耐：《中国社会史》，耿昇译，江苏人民出版社1997年版，第352～355页。

② 参见于志嘉：《明清时代军户的家族关系——卫所军户与原籍军户之间》，载黄宽重、刘增贵主编：《家族与社会》，中国大百科全书出版社2005年版，第406～407页。

挑起冲突的借口或导火索。明清朝代更替之后，西小章人正式成为匠户，两地马家人遂长期中断联系。

不过，上述冲突事件虽在家谱中言之凿凿，但却是西小章人选择遗忘或有意淡化的历史。在西小章人的日常口述中，甚至连马原在明初洪武年间迁居本村至今，也仅仅看作是家族历史的一部分，而远非全部。马氏家族的历史到底应该从哪里算起呢？马炳辉应该算是西小章村最热衷谈论家族历史的人，而且做了一番认真考证。他把西小章村马家人的历史源流分为四部分：

最初，东汉名将马援在南征交趾胜利后，将部队的大部分人留在南疆，让他们生活在当地，共同开发南蛮之地，史籍记载称这部分人为“马留人”。

到了13世纪中叶，忽必烈南征大理。西小章村马家的先人被抓了壮丁随军北来，入了军籍，变成军户，定居于山东莱西市夏格庄镇双山村。于是，这就有了双山村一世祖马室由南而北的迁徙来历。马炳辉推测，马室在云南时就是一般的老百姓：

> 据老一辈的传说——也不太详细——是忽必烈以前，元朝还没统一。谱上记载的是元朝初年，年代也不太详细。当时元朝（应为蒙古）想统一南宋，可南宋很强大，元朝打不下它，于是就采取了一个隔离战术，把南宋包围起来。先把云南那个大理国消灭了，这大约是在公元1252年（实为1254年），当时是蒙哥当皇帝。打下云南后，他这时候就重视人口了，原先他打下一个地方，就把这人口全杀了，所以山东这一带没大有人。打下云南，就保留了一些人口，把他们迁到没人的地方，俺马家的一世、二世祖就是这时候迁到了山东莱西双山。①

此后大约又过去了30年，三世祖马合在出征西南时立下军功。但真正使马家发迹的是马合的孙子——五世祖马亮。马亮1336年中武举，1337年中武进士，先做管军总把，统领1000多人，后来升到都督府元帅。

元朝末年，战乱频繁，山东地区人口战死很多，土地大片荒芜，“朱元璋发布命令，天下无主土地，谁种归谁”②。在明朝洪武二年（1369年），莱西双山的七世祖、西小章村的一世祖马原“肩挑二子”，迁居昌邑西小章村一带，

---

① 马炳辉，男，西小章村人。访谈时间：2003年10月24日。

② 马炳辉，男，西小章村人。访谈时间：2003年10月24日。

与土著居民马青山同姓联宗，定居于此。

如此一来，家族历史就被大大地拉长了，西小章人缘此平添了不少底气。

1996 年续修的《马氏族谱》有个特别之处，就是在前面附有一个《竹马补序》。该序短短 400 字，措辞不甚雅驯，句法多有舛误，却洋溢着对于祖传竹马的骄傲与热爱之情：

> 据考证，我们的先辈亮，任当朝兵马总督大元帅，率部将与卷（眷）属进京见驾，当时马氏家族强盛兴旺，后人为继承发扬祖先的荣耀，以艺术的形式跑竹马来传颂千古。竹，疾风骤雨依然挺拔矗立，严寒苦署（酷暑）照样枝繁叶茂，故借竹性辨（编）成竹马传颂之光辉业绩。
>
> 跑竹马始于明代，竹马的艺术完全体现了明清两代元帅进京见驾的形式，庄重、严肃、威武、遵（尊）严，是中华民族独具一格的民间艺术。历代本族人氏，每逢春节跑竹马，来光宗耀祖，象征马祖（族）兴旺发达，后继有人。
>
> 竹马是稀世的民间艺术，历史悠久，被誉为民间艺（术）之最，已在电视台登上屏幕，并多次被邀请出席潍坊国际风筝会，赢得了国际友人的赞扬。庚午年春节联欢晚会，为首节目就是我们的竹马[表演]。由此可见，竹马是当今民间艺术之瑰宝，源远流长，千古流芳。
>
> 让祖传的竹马队真正跑出本祖（族）所从事的各业，心想事成，万事如意，马到成功。
>
> 使[之]竹马这个稀世之瑰宝，[将]继传后世，先祖荣誉光照千秋。[①]

就这样，历史上早已脱离军籍的西小章人，却执着于对军户身份的认同，并以竹马表演的仪式予以强化。尊祖敬宗的家族道德精神是其关键。

二、重修祠堂

在西小章村人的心目中，马氏祠堂有着重要的位置。据村中老人回忆，

---

① 西小章村《马氏族谱·竹马补序》，该序落款为“公元一九九六年十月长支下十九世孙泮升整编”。为保持原貌，其中个别不雅驯字未作修改，而以圆括号在后面标出，衍字用方括号标出。

马家祠堂一直是本家族的一处神圣处所，20 世纪 50 年代以前有家族公田，其收益可为家族的公共活动提供补助。历经“文化大革命”，山东地区能够保留下祠堂的村落少之又少，而西小章村老祠堂却得以幸存。现在，祭祖费用由村委会划拨。

西小章村马家祠堂虽然历经劫难没有被拆掉，但因历史悠久，早已破败不堪，屋顶有很多地方漏水，摇摇欲坠。20 世纪 90 年代初，这一带村落纷纷兴修老殿新庙，西小章人也跃跃欲试要重修祠堂。主姓家族村毕竟好商量事情，一来二往就达成共识。修祠堂的资金来源有两种：一是村委会拨款；一是村民自愿捐助，多少不限。捐款最多的是马镇华，拿出了 1000 元，最少的也有10 块，总共募资 4 万多元。修祠堂之前，村民举行了一个简单的仪式，由主修人烧纸磕头，进行了一番祭奠。因为资金比较宽裕，就在整修了祠堂正房以后，干脆连大门和院墙都修了起来。

西小章村马家祠堂，一直是村民的骄傲

在西小章人看来，祠堂是神圣之所，外人尤其是女性严禁入内。马镇华长期保管钥匙，十分尽心。祠堂的作用主要体现在三个方面：首先，祠堂是过年祭祖的场所。年节期间，由西小章马氏家族中辈分最高、年纪最长的人来此守灵，马氏家族中的成年男性则在此祭奠祖先。其次，传统上祠堂是家

族内部举行活动的场所。比如从1992年起的冬闲时节，马镇华开始在祠堂里教村内孩童习练武术，祠堂习武的老规矩由此得以延续。最后，小章竹马所用的竹马、武术器械、旗帜、服饰等物品，平时都存放在祠堂里。到了正月初八跑竹马的时候，就会来祠堂开箱取用，这里还是演员化妆、备马的地方。小章竹马外出表演时，也会从祠堂大门下庄重出行。2005年春节期间，马镇华曾指着祠堂的松树断言："松树的枝叶都往上蹿，朝上猛长。马家要出人才了，大到中央里去！"

从外面看，马家祠堂颇显气派。祠堂的大门楼面南而开，正对着村里的东西主街，黑漆木质大门，青砖院墙，瓦当飞檐，一派古色古香。在门楼的门框上，贴有一副细长春联，左写"千百世音容如在"，右写"亿万年俎豆常新"，横披为"千秋功业"。在横批两侧，各衬有一块10厘米见方的菱形红纸，上写"俎"字。在黑漆大门上，也贴有一副宽阔门联，左联是"俎豆千秋永"，右联是"本支百世长"。

大年三十上午，西小章人将祠堂内外装饰一新

进入祠堂大门，是个100多平方米的院落，纵深八九米，宽十几米。院内种着三棵松树，其中一棵据说是清朝乾隆二十二年（1757年）栽种的，也有说是栽种于乾隆十二年（1747年）的。西小章人把这棵松树看得十分神圣，认为能庇佑家族兴旺。

西小章村马家祠堂内院

祠堂的主体部分是5间北屋正房，门额上悬挂着“马氏先祠”的额匾，青蓝底色凸现金黄大字，很是古雅堂皇。正堂脊瓦上雕有飞檐走兽，前有一廊六柱，大红漆色。门上有新贴的一副黑字红联，左写“香烟缈绕酬祖德”，右写“竹影辉煌报宗功”，横批是“祖德宗功”。在横批两边，各衬有一块10厘米见方的菱形红纸，上写“俎”字。对联两边有四幅门图相衬，上有两幅“松鹤延年图”左右相对，下面左为“雄鹰展翅图”，右为“骏马奔腾图”。

进得祠堂正房，中有3间，东、西各有一小间。东边一间设桌椅橱柜，类似办公室，墙壁上是宣传祖先功德的一些短句，配有图画，是村民马泮林自画自写。过年跑马时，演员便在东间化妆、整理头饰。最西边一间当作贮藏室使用，里面存放着跑竹马用的各种道具，还有刀枪棍叉等兵器，以及盛放在几个大木箱里的演员服饰、队旗、鞭杆等等。中央三间则是过年时祭祖拜“影”的地方。

祠堂里的“影”，是一种画轴，下部画有家居安乐图，画中人物都是清代装束，上部留有繁多空格，供填写已故祖先姓名。西小章村所有马姓人家共用祠堂里的一套“影”，上面填写着自始迁祖马原以下所有已故男性家族成员的姓名。“影”的最上部，是马原与其四子的享乐图。两边有一副对联，左为“亿万年俎豆常新”，右为“千百世音容如在”，横批“永言忠孝”。“影”的下面，密密麻麻地写满了马氏家族已经过世的男性的名字，严格地按照昭穆次序排列。如果村里有在过去一年里新“老”（即去世）的人，每年初一下午就在“影”上添写其姓名。西小章村马氏家族存放在祠堂中的“影”一共有6幅，其中3幅是“老影”，是1933年或1934年专门去高密“请”的，在“文化大革命”期间“破四旧”时差点被毁掉，幸亏村民马德藻冒着政治风险藏起来了。另外3幅是近40年来新添加的，原先的“老影”实在写不开了，便由村民马泮林亲手画制。马泮林是村里公认的能人，擅长绘画、书法，还会做木匠活，热心公益。村委会的橱子，路上的标语、宣传画，祠堂里的装饰画等，几乎都是他义务干的。

西小章村马家祠堂内象征列祖列宗的“老影”

西小章人至今仍恪守着春节期间在祠堂里“挂影”“守影”的老规矩：每年大年三十下午，在祠堂堂屋北墙上“挂影”，老族长前来祠堂入住“守影”，老族长是由最高一辈的最年长者自动当选。到了大年初一上午，马氏家族各家各户所选派的代表来到祠堂“拜影”，先向“老影”上的列祖列宗名位行叩拜礼，再拜“守影”的老族长。初三一大早，取下“老影”卷好，放在祠堂里屋特制的木箱里，以备来年再挂，老族长返家。祭祖花费，由村委会拨款，在春

节前就买好祭祖所用的“三牲”(生猪头、生鸡、鲜鱼),从大年三十到正月初三一直供奉在祠堂里,最后统归在这几天一直住在祠堂“守影”的老族长所有,村民视为对他“守影”3天的应得酬劳。但在平时生活中,老族长就没什么实际权力了。

西小章村有马亮元帅神牌

祠堂里还存放着供祭祀用的两件圣物:一套木质香炉,据说是明朝时候留下来的;一个供奉五世祖马亮的神主牌位,上写“诰封荣禄大夫总把都督历官管军元帅讳亮字经邦神位”。这个神主牌位是20世纪90年代西小章人根据双山老家的老牌位仿制的,老牌位据说是清朝乾隆十二年(1747年)所制。

在祠堂院内的东北角,立着一块“祠堂奉碑”,上面题写着整修祠堂主要参与人员的姓名及职责:“倡导马兴墀,绘图设计马泮林,建筑施工马明武,监工马镇华,特捐克山(妻),立石镇华。”最后是立碑时间:“公元一九九六年四月四日。”在院子的西南角,有一个2米见方的简易厕所,近旁有一个南向泄水沟。

虽然西小章人的修谱活动是在悄无声息中进行的,但在重修祠堂完工后,却大张旗鼓地举行了一次庆典,出动了竹马表演,并拍摄录像以永久纪念。村里辈分最高的长辈和村干部一起在简朴的主席台上就座,一一致辞,作为马氏家族象征的“马”字大旗飘扬在主席台的左前方。致辞后,是西小章村的多种文艺活动,主要包括村办幼儿园里孩子的呼啦圈表演、村办小学的小学生军乐队表演、秧歌队表演、竹马队表演、武术队表演……演出活动丰富多彩,时至今日仍为村民津津乐道。

此后,西小章人还特意去双山老家表演竹马,向老家人报喜。在双山老家的这一庆典活动中，西小章人按照老规矩行三跪九叩、二十四花拜的大礼，告慰先祖。精彩的竹马表演活动，将整个仪式衬托得十分热闹。

西小章村重修马家祠堂后，去双山老家表演竹马，告慰先祖

三、建公墓

（一）老墓田与新墓田

西小章村马氏家族的公墓在村西南角，坐落在潍河东岸，占地七八十亩。西小章人的墓田有老、新墓田之分。村西南有一片果园，果园的西南部就是老墓田所在地，因潍河多年淤积，特别是1912年潍河决口所裹挟泥沙的上泛，下面覆盖着马氏家族的一座座老坟茔。远远看来，老墓田一带是地势略高的沙埠高台，似乎在时刻提醒着村民关于100多年前那场潍河水灾的惨痛记忆。20世纪90年代，西小章人将老墓田东南方的一片平地辟作墓地，俗称"新墓田"，即全村公墓。在新墓田里，每隔6米栽种一排速生杨树，间杂一座座凸起的土坟，坟前竖立着圆头或方头的墓碑，使这片开阔的林地显得非常肃穆、神圣。

西小章村老墓田

西小章村新墓田

老墓田与新墓田一带，实际上都是潍河东岸的一小片淤积平原。新、老墓田都是沙质土地，是1912年九月十四、十九日那两场大水的历史见证。西小章人还记得，在那场水灾后，地里不长庄稼，国家指令要一律栽树。当时的昌邑县长张尔文却拒不接受，因为一旦种了树，沙子就永远吹不出去了——“这地就彻底瞎了”。果不其然，当时在村西种树的一片地方，形成了许多沙埠子，直到现在还有沙子，别的地方早就没有沙子了，据说是20世纪70年代进行整地改良土壤时，把沙拉走后才慢慢变成了好地。西小章人回忆起那段历史时，庆幸当年还算沾了县长的光，没栽树，并据此断定张尔文是个好官。

（二）公墓维护

西小章人在新墓田里栽种了一大片速生杨树，并视作神圣不可侵犯之物，严禁砍伐。村民认为，如果有人在这里砍树被抓到，那就没有什么族规家法的讲究，应该立即扭送到镇派出所。因为一个人如果连族坟上的树都敢偷砍的话，那也就没有什么同族情面可讲了，应用国法公事公办予以惩治。显然，在这个主姓家族村里，一般来说出现矛盾纠纷是以家族内部的调解协商为主，只有当家族规约难以起到作用的时候，才会动用国家法制手段。村里一些“通神”的人，也多会将墓地作为解释病因与治病的依据。村民马家鸾认为：“天井里不能种树，墓田里也有讲究，犯了忌讳就可能头疼。”①村民周秀芹说，有一次她外甥生病，高烧不退，她就断定是因为墓地的事，要上坟烧香磕几个头。照做后，外甥马上就睁开眼了。对于这类传说得神乎其神的事情村民们并不真的就相信，而是“宁可信其有，不可信其无”。

“挖祖坟”向来被西小章人视为一大禁忌。在村民的口语中，“挖祖坟”与“杀父之仇”“夺妻之恨”等行为一样，被视作对人的最大污辱，是永生难解的深仇大恨。在村民的传统观念中，祖坟被挖意味着祖先灵力的丧失，导致生者与死者联系的中断，并将不可避免地导致家族的衰弱或破败，甚至在近期内就会灾祸临头。他们以此解释所熟知的某些家庭或家族一蹶不振的例证，同时警示自己，绝不允许这样不吉利的事情发生。据马炳辉介绍：

> 双山马亮的墓还有个遗址，据说“文化大革命”的时候给扒了。王珂的武状元宋占魁的墓一直到1965年才扒了，他那个碑也砸了。你看看后来都成了啥样（意思是不堪入目）！②

---

① 马家鸾，男，西小章村人。访谈时间：2003年10月25日。

② 马炳辉，男，西小章村人。访谈时间：2004年1月9日。

(三)选墓立碑

20 世纪 50 年代以来,国家大力倡导移风易俗,对西小章村传统墓葬之风形成巨大冲击。20 世纪 70 年代的整地运动,将这一带的众多坟头夷为平地。此后,随着政府对耕地面积使用的严格控制,以及对火葬制度的强力推行,许多村落纷纷规划公墓。20 世纪 70 年代末,西小章村在村西南角规划了新墓田。村里老人故去,经过火化后,就埋在这片新墓田。

新墓田的空间是按照村内马氏家族的不同家支来划分的,每个家支都有属于自己的一块地方。墓地很是宽阔,西小章人一向重视墓葬,届时会找人"点穴"选墓。在西小章村,"点穴师"的角色一般都是请马镇华担任,由他一锤定音。选墓时,先用罗盘定好方向,再看地势高低走向,因为死者头部要枕在高处,讲究"高枕无忧"。传统上,开挖墓穴讲究头宽脚窄,不过现在埋下的都是骨灰盒,就没有这样的讲究了,占用的地方也不大,墓穴里只要能垒出池子,够用即可。

死者入土为安后,还要立碑。立碑是有讲究的:一是时间,只有在清明和十月一这两个节期才可以立碑,但不一定是过节那天的正日子,节前节后都行,时辰一般都选在中午,立碑时要燃放鞭炮。二是夫妻二人都故去后才能立碑。一位老人先辞世,只能临时做个标志,用砖垒一个火池,用以烧纸。此外,立碑之俗并非全村通行,经济条件不好的家户一般不立。

立碑时要举行一定的仪式,行叩拜礼是不能缺少的。参加人员包括孝子、死者生前好友,本家的侄子、外甥、叔叔、大爷也都应该去。每个人根据自己与死者关系的远近决定是否行礼,以及行二十四拜礼仪还是一般礼仪:

> 大拜是二十四拜啊。好比我和他相好吧,我去拜——"先八前七中间里九"——磕头时,先在远处磕 8 个,再到近处磕 7 个,然后再退到中间磕 9 个,叫"二十四拜"。三叩九拜也有——"前仨后仨中间里仨",磕了这个,就不用二十四拜了。先在远处磕 3 个,再到近处磕 3 个,然后再退到中间磕 3 个。①

① 马炳辉,男,西小章村人。访谈时间:2004 年 1 月 9 日。

西小章人在这方面的区分是很严格的。每当有人去世,需要立碑,村民都知道谁应该去行叩拜礼,行的是哪一种礼仪,不按礼仪施行者将面临一定的舆论压力。若有人在行礼时礼数有差,步伐错乱,将会在很长一段时间里成为村民的笑柄。

在西小章村,马镇华在选墓、立碑方面是公认的行家。如对墓地方位、墓碑形制、碑文撰写、立碑时间等等,他都有一套说法,并操持如仪。无论谁破坏了规矩,都将遭受他的调侃或指责:

> 墓地的方位应该背山面水,左青龙,右白虎,前朱雀,后玄武。左青龙要矮点,后玄武要高点,右白虎也得稍高点,这样才能坐下。碑顶雕成什么形状,也有讲究,碑顶呈半圆形的叫“碣”,方形的叫“碑”。碑顶的形状是死者身份的象征,方形碑顶代表死者在生前有功名在身,圆头碑是没有功名的。有功名的死者可以在墓碑上刻写“硕德”,没有功名的死者不允许写。
>
> 你看这块墓碑,人家都说这是个噎巴[①],没有功名,心眼儿还不正当,自己还写上个“硕德”。全村没有不骂的!这不是自己说“我是爷爷”?那人家不卷[②]你?(村民)都笑话他![③]

一般村民对这些规矩不太懂,但也从不为这类事情焦虑,找个行家代办,便可解决一切问题。既然这方面能人非马镇华莫属,村民要为父母立碑,一般都请马镇华撰写碑文、主持仪式,事后送给他一点礼物作为酬谢。

四、祭 祖

祭祀祖先是西小章人很看重的事。从活动时间来看,该村祭祖活动可分为日常祭祖、年节祭祖两类,年节祭祖比较隆重。从活动空间来划分,则包括家祭、墓祭和祠祭三类。祠祭比较隆重,墓祭仪式一般是由家支内部的几户一起进行,规模在祠祭与家祭之间,在村外的公共墓地进行。当然,家祭、墓祭和祠祭也是难以截然分开的。比如在春节期间,先

① “噎巴”,当地方言,意为傻瓜。

② “卷”,当地方言,踢踹、笑话、讽刺之意。

③ 马镇华,男,西小章村人。访谈时间:2004 年 1 月 9 日。

是以墓祭请回祖先，然后各家自行家祭，再在大年初一上午进行祠祭活动。

（一）家　祭

过年前，西小章村每家每户都要“请影”，与前文提到的“老影”不同，各家的“影”是从附近的年集上花钱“请”回家的。所谓的“影”，也称“家堂”，就是山东高密地区生产的一种扑灰年画，40～60元一张。人们带回家后，在上面的空格处填写上历代祖先的姓名，一般上溯到三五世，西小章村以四世为多，但也有个别人家上溯到九世的。通常，这张“影”挂在老人或者其长子家中。马家祠堂里全家族共用的“影”是不能填写女性名字的，但每家每户的“影”则可以填写已逝祖先中的女性，位置是东男西女。当年有老人去世的家户，会在大年三十把他或她的名字添到家里的“影”上。如果要将其名字添到祠堂的“影”上，则要请马镇华操持。

西小章村的家祭活动以年节为大。大年三十下午，西小章人纷纷走向村西南的新墓田，到自家坟前磕头烧香，燃放鞭炮，但不摆放供品，因为此行是请家中已逝的长辈回家过年。已逝的长辈，西小章人俗称“老头子”[①]。按照传统的老规矩，必须一直等到除夕天黑以后才能去上坟，因为死去的祖宗属阴，只有晚上才能出行。现在为了方便，各家往往一到下午就去上坟，把祖先“请”回来。

当各家男人将祖先从新墓田“请”回来的时候，“影”就可以挂起来了，因为刚从新墓田接来的“老头子们”需要有个安身之处。“老头子们”既已请来，就要时刻供着，供品一般是“五个碗”和两碗饺子，“五个碗”即猪头肉、粉条、鱼、豆腐、陈米饭。到了大年初三，将“影”落下来，卷起存放好，只悬挂衬“影”用的轴子，轴子一般是在过完正月十五才落下来。在这一系列仪式中，象征意味极为明显：除夕下午把“老头子们”请来，摆供祭拜一起过年，在大年初三天不亮之时就要烧香磕头送走，因为“影”是不能让已外嫁的女儿看到的，否则自家不兴旺。

当然，西小章村也有将家堂一直挂到正月十六才放下来的，但这种家户

---

① “老头子”是西小章人对于已故祖先的敬称，一般用于统称，无性别之分。在需要特别予以区别的时候，会有“男老头子”“女老头子”的称呼。

极少,而且是有女无儿的家庭类型。其实,这从另一方面说明了西小章人对“影”的重视。村民齐凤花这样介绍:

> 出嫁的女儿不能见娘家的“影”,那样娘家的人丁不旺,人家有儿子的真不愿意。俺不是两个闺女嘛,俺家又是个老姑娘(指自己是招夫入赘的),她们一般都是初八才回来。今年道不好走,她也没来,就挂着吧,反正俺也不怕让人看见家堂,俺就俩闺女,没什么好怕的。[①]

大年三十深夜12点前后,西小章村各家各户开始发马子。在此起彼伏的鞭炮声中,村民开始煮水饺,认为吃了水饺,就意味着平平顺顺地又长了一岁。第一碗水饺要供奉代表祖先的“影”。供奉时家中男女老幼都要磕头,唯有未出嫁的女儿不用磕头。村民认为,未出嫁的女儿是身份待定的临时状态,只有嫁人以后才有明确的社会身份。供奉祖先之后,再将祭品移到院子里“敬天”,此时要面向东西南北四个方位各磕三个头。

大年初一一大早,仍然要先给祖先拜年,摆放水饺,燃香磕头,然后再到家族内长辈家里拜年。拜年时,一进门要先拜对方家里挂的“影”,磕满三个头,再给家里老人磕头拜年。女人虽不能参加上坟和祠堂拜“影”的活动,但可以参加拜年,也要对着主家的“影”磕头。

除了过年的家祭活动之外,个别家户在其他日子里也有些简略的祭祖活动。比如,遇到特别的纪念日,主人会将节令食品先在正屋摆供,然后再由全家人食用。此外,在西小章村的婚礼上,也有一个程序与祭祖观念有关。在新人拜天地以前,新郎家的主事人要先烧纸,并往地上洒三杯酒,以此祭奠家里祖先与家院神灵。

(二)墓　祭

西小章人的墓祭活动,在一年之中有四个时段:除夕下午、清明节、十月初一和死者忌日。这些活动由各家户成员参加,但地点不在家里,而是到村西南角新墓田里的各家墓地。其中,清明节与十月初一的墓祭活动在时间安排上较为灵活,在节期的前10天与后10天里的任何一个日子都行。2011年,西小章村马氏家族重修祖茔竣工,于10月1日举行了隆重的庆典,

① 齐凤花,女,西小章村人。访谈时间:2003年11月24日。

并到莱西市双山村告慰祖先。

西小章村马氏家族祖茔落成庆典

大年三十下午的墓祭活动，是要请“老头子们”回家过年，带有很强的表演性质，很是隆重。由于新墓田里的众多坟墓是按照家族内部的不同支系来布局的，一个支系集中于一块地方，因此陆续而来的上坟者，就在新墓田一带以各支系的祖坟为中心形成了一个个聚会圈子。互相比照之下，这一墓祭仪式也就有了公共表演的色彩。虽说各支系的基本步骤都差不多，无非是压坟头纸、焚纸、烧香、奠酒、燃放鞭炮、磕头，然后热热闹闹地去村内“影房”，再回各家供“影”。但男丁众多的家支，往往会在墓祭仪式过程中燃放五六挂鞭炮甚至更多，磕头时相互招呼着，呼啦啦跪下一大片，同

西小章村祖茔落成后，赴莱西市双山村表演竹马，告慰祖先

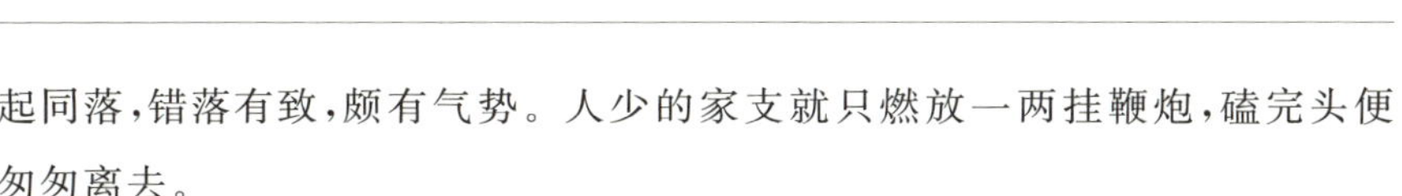

起同落，错落有致，颇有气势。人少的家支就只燃放一两挂鞭炮，磕完头便匆匆离去。

西小章人私下里将清明节称作“小鬼节”，为的是与十月初一“大鬼节”相区别。在多数村民心目中，人死以后就变成了“鬼”，清明节乃是规模较小的祭祀死者的“鬼节”。但村民认为，“小鬼节”一语，容易被误解为“小鬼”的节，似乎有将“小鬼”与祖先等同的嫌疑，显得不够尊重。此外，在村民的日常口语中，“小鬼”一词还有另外两种意思：一是指称阴间的鬼卒，并有不敬的意味；一是指称未成年的孩童，具有戏谑、亲昵的感情色彩。因此，西小章人一般不在公共场合使用“小鬼节”的说法。在清明节前一天下午，各家要到坟上去添土、烧纸，祭奠已故的“老头子”。只要没有特殊原因，家里男子一律都要去上坟。所携带的供品一般包括鱼、青菜、鸡蛋、肉等，还要有 5 个饽饽，另有筷子、水果、酒水若干，其中鱼为必备之物。到了之后，上坟者先把坟头打扫干净，恭恭敬敬地给祖宗磕 4 个头，再为坟头添些新土，以表示这是有主之坟，该家户还有后人。在西小章村，一直保持着老一辈传下来的一些规矩，如家中男人在节前上坟，已嫁出的女儿则在节后，未嫁的女儿不具有上坟的资格，已婚的女人不给婆家上坟。

西小章人称农历十月初一为“大鬼节”，上坟仪式与清明节基本相同，也同样保持着男人节前、女人节后的次序。以前，上坟时间都在太阳落山以后的黄昏时分，因为西小章人认为凡人死后都会变成鬼，而鬼属阴物，有太阳时是不敢出来的。时至今日，村民的祭祀时间已普遍提早，有的家户甚至一吃完午饭就马上赶去上坟，因为嫁到外村的女儿上完坟后还要急着赶回婆家去。

在老人过世后的第一个周年忌日里，西小章人前往新坟祭奠时要扎摇钱树，在第三个忌日里须做一身小衣服烧掉，以后再逢周年忌日只需烧纸即可。

农历七月十五即“中元节”，是华北乡村比较普遍的“鬼节”，但在西小章村却没有任何祭祀活动，大多数村民也不知道关于“中元节”“鬼节”的说法。[①] 也就是说，除了在大年三十、清明节与十月初一这三个时段，以及死者

① 值得注意的是，在整个昌邑、寒亭一带，中元节一般都没有祭祀活动。

忌日之外，西小章人一般是不去上坟的。除非是家有重大喜庆事才会到坟上举行一番祭奠，告慰祖先。如家中娶媳妇，一般会在婚后的第三天下午去“上喜坟”。不过，按照西小章人的说法，“上喜坟”的意思并非是让祖先知悉家中又添新人（刚娶来的新媳妇），而是表示家中的男丁（新郎）已经成人，从此以后可以支撑门户，承担起生儿育女延续族脉的重任。因而，“上喜坟”是由家中长辈陪同新郎官前往祖坟拜祭，新媳妇是不能去的。这一习俗与周围村落形成了明显对比，让一些嫁到西小章村的妇女很是不满：

> 男孩子结婚不到祠堂里去，光去公墓拜。结婚第三天去拜墓，早先新媳妇也去，现在新媳妇不去了，光男的去，我有 30 多年不去了。那叫“上喜坟”，在坟头上压张红纸，还放鞭。以前结婚，男的要领着他媳妇去给老一辈磕头，现在也不用了。[①]

（三）祠　祭

西小章人将祠堂看得十分神圣，平日里祠堂大门是难得开启的。祠堂开门，不是年节期间进行祠祭活动，就是冬闲时节由马家长辈领着男孩子进去练武。这意味着，西小章人的祠祭活动唯有在年节的特殊时间进行。而西小章村妇女在一生中可能都没有任何机会进入祠堂。[②]

“守影”　西小章村有老族长“守影”的规矩。从大年三十这天开始，西小章村马家祠堂里专门有一个“守影”的人，晚间他必须住在祠堂里面，直至过年结束。守影者不用推选，由家族中最高一辈中的最年长者自动升任，村民半开玩笑地称守影者为“族长”。近年来，守影者本应该由马克友老人承担，但他已经有些耳背，身体也不好，便由两个儿子代行守影之责。马克友是从 2002 年开始成为守影者的，在他之前是 2001 年去世、比他高一辈的马君亮。也就是说，西小章马氏家族现在辈分最高的就属克字辈了。

按照马氏家族的老规矩，守影者要在大年三十上午负责打扫祠堂卫生，将“影”张挂起来，摆放好祭祖的供品。马克友的两个儿子忙活了 2 个多小时，将影房打扫干净，再安放供桌，挂影，摆放供品，贴好门联，安装灯泡，挂

---

① 周秀芹，女，西小章村人。访谈时间：2004 年 1 月 8 日。

② 周秀芹：“祠堂平时不开门，女的一辈子也捞不着去。”周秀芹，女，西小章村人。访谈时间：2004 年 1 月 8 日。

上灯笼，然后晚间在这里守夜。在祠堂的院子里，他们特意用砖垒了一个用以焚纸的火池，因为来拜影者以前都在堂屋内焚纸，他们担心把屋里的“影”熏坏了。

挂影讲究左右有别，迁居西小章村的始祖马原下有四子，所挂之“影”要体现出“左长三，右二四”的秩序，即以“影”为坐标，坐北向南，“影”的左侧挂老大和老三的谱系，右侧挂老二和老四的谱系。“影”左侧老大支系的“影”上，底部画的门上写有“左昭”，“影”右侧老二支系一侧则写着“右穆”。另外还有一卷“影”，须挂在西墙上，那是马原义子传下的一支，马镇华称之为“站岗的”。

“影”下摆设的供品，在 20 世纪 50 年代前后变化很大。在 20 世纪 50 年代以前，曾用整猪、整羊摆供，浩浩荡荡地抬到祠堂，所有花费都从族田的收益中支付。20 世纪 50 年代以后，供品换成了整鸡、大鲤鱼，由大家松散凑成，馒头则由守影者家中自备。近年来，供品改由村委会出钱，需要提前预备。祠堂祭祖活动完成后，这些供品都归马克友老人一家所有，村民认为这是理所当然的：

> 祠堂在头年除日开张，由最高辈分中年纪最大的老头子住进那里。供飨用的鱼是鲤鱼，生的，整鸡、猪头也是生的，馒头是熟的，大馒头。守影的老头光准备馒头，最后这些东西他都收着。守着这好几天也累。有时候，老头子实在年纪大了，身体不行，也可以让儿子代替。谁辈分高、年纪大，守影的事年年都是他，有时候好几年不换人。[①]

现在的供品一般包括猪头、整鸡、鱼、馒头、陈米饭、饼干、苹果、橘子。其中猪头、整鸡、馒头所需费用是由村委会承担的。在马家祠堂这 3 年的祠祭活动中，摆设供品的次序并非保持不变，其中 2004 年、2005 年两个年度中便有着明显差异，而且各有一套解释。2004 年大年三十，西小章村马家祠堂里三牲的摆设是“鸡西、鱼中、猪头东”。马镇华把鱼放在中间，鱼头向东，鱼腹向北朝着“影”的方向，说这叫“富贵鱼，头朝东，鱼是东海望”。到了 2005 年，马镇华却把猪头摆在西，鸡摆在东，而且说这才符合规矩。此外，他们内部对供品寓意的解释也并不一致。比如马镇华认为，供品中所用的猪头、

① 周秀芹，女，西小章村人。访谈时间：2004 年 1 月 8 日。

鸡、鱼都是生的，所以才称为“三生”。马炳辉则对此表示异议，认为祭祀用的猪头、鸡、鱼合称“三牲”而不是“三生”，在生人看来是生的东西，在死者那里却不是。他反问说，拿生的东西让祖宗们吃是不合适的，怎么会是“三生”呢？

“报到”与“添名”　腊月三十上午，西小章村还有一种特别的习俗，若在刚刚过去的一年里有人去世，其家人需要来祠堂为他“报到”。大体程序如下：主家端着一个木制托盘（俗称“盒子”）来到祠堂，托盘中放着烧纸1 摞、饼干 1 包和一张宽 4 厘米、长 17 厘米的无字红纸条，还有毛笔、墨汁等；马镇华应约而来，在已挂好的“影”上查找死者父亲的名字，再从托盘里拿出红纸条，用竖排字体写上“××子××位”，放回托盘；主家从托盘上取下烧纸，在“影”前焚烧，对着“影”磕 4 个头。等到正月初一下午，再请马镇华来祠堂把死者名字写到“影”上，这叫“添名”。

“添名”之责原本由守影人履行，但因为守影人年纪很大，这些年大都由马镇华代写。在西小章人心目中，家中有人过世，必须先在祠堂的“影”上报到、添名，然后才可以在自家的“影”上补写，不能将顺序搞反，否则会让全村人笑话。“添名”完毕，便将“影”落下来，关闭祠堂大门。此时，马氏家族中的很多人都自动赶来，在祠堂门口燃放鞭炮。

“拜影”与“圆拜”　在大年三十下午，西小章村马氏祠堂很是热闹。村民到自家墓地上摆供上坟后，引领着自家的“老头子”到祠堂会聚，然后再分别领回到自家供奉。附近的宋庄村等马姓人家也都来西小章村祠堂操持如仪，烧香磕头，一时间鞭炮声连绵不绝，大半个村庄烟雾缭绕。

大年三十下午，其实也是这一带马氏家族的跨村落聚会。虽说大家都相隔不远，但毕竟同姓不同村，平时没事不大来往，现在年节期间相逢于老家祠堂，说说笑笑，十分惬意。

在大年初一上午，西小章村马家人还要在祠堂进行一个祭拜仪式，俗称“圆拜”。大家进得祠堂，先朝挂好的“影”恭恭敬敬地磕 4 个头，然后向守影人磕 1 个头。按照西小章人的说法，磕头的规矩就应该是“神三鬼四，活人一个”，给马克友磕的这一个头就有拜年的意思在内了，因为他是家族中辈分最高者之一。

据说在 20 世纪 50 年代以前，西小章村祠堂圆拜的仪式相当隆重。全部家族成员按照辈分组织起来，在音乐伴奏下一拨一拨地抬着食盒循序参拜。相形之下，现在的祠堂圆拜活动就随意多了，在时间上并无严格限定，每个人只要是在大年初一上午来一趟即可。初一下午就要把“影”落下来，关上祠堂大门，马氏家族一年一度的祠祭活动遂宣告结束。

虽然在外人看来，现今西小章人的年节祭祖活动已足够隆重与繁复，但他们自己却并不满意，经常感慨今不如昔。在他们的记忆中，以前的祠祭不仅场面隆重，细节讲究，而且人际交往密切，还有很强的娱乐性。比如在除夕之夜，全村马家人曾有凑钱雇戏班子通宵演出的习俗：

> 大年三十那天马氏祠堂很热闹，连宋庄的马氏都来，鞭炮皮都落得这么厚。以前还有吹手，就是喇叭，从大年三十开始就吹起来了，一宿不停，一直到天亮，吹唱、演戏的，都是姓马的凑着钱出来雇的，这都是老一辈传下来的。①

显然，西小章村马氏家族的传统祠祭活动，更像是在尊祖敬宗名义下举行的家族狂欢聚会。此后在正月初八举行的竹马演出活动，无论是时间安排、线路选择、场所确定，还是表演的形式与内容，其实都是家族祠祭活动的延续。比如，小章竹马演出前要在祠堂举行庄严的“出马”仪式，竹马队进入宋庄的第一个定场演出也必定是在该村马家祠堂的遗址上进行等，都有着浓厚的家族祠祭色彩。

① 马炳廷，男，西小章村人。访谈时间：2003年11月20日。

第四章 神鬼精怪

在西小章这一主姓家族村中，祖先崇拜是该村最具普遍性、影响最大的信仰活动，列祖列宗代表了村落中最大的庇护神系。西小章人对其家族力量的凸显，并不直接诉诸家族化管理模式的强化，而是精心构建以竹马、祠堂、族墓、族谱等为主要象征符号的信仰体系。传统社会中的西小章村，像众多华北村落一样，广泛存在着多神信仰，并通过观音庙、土地庙、关帝庙、东岳庙、龙王庙等神庙设施构建起传统的神圣空间。不过，这些庙宇如今多已败落，只有象征着祖先崇拜的马氏先祠依然显赫，在村落生活中占有重要地位。其实，历史上的西小章村传统神庙以及相关信仰活动，也在某种程度上受到祖先崇拜信仰的挤压，其仪式活动并不发达，而且影响有限。

西小章村的信仰体系大致可分为祖先崇拜、神灵崇拜与鬼魂精怪信仰三类。西小章人认为未婚夭亡者将变成孤魂野鬼，与野狐狸、黄鼠狼、铁狸子之类的动物所具有的灵力类似，而且认为二者作用于人的手段亦大致相仿。村民甚至认为包括少量的植物、石头等在内的自然物也有可能具备灵力。在这一信仰体系中，阴阳两界可以借助祭祀仪式而实现沟通，并因对象的不同而显示出一定差异。总的来说，西小章人祭祀祖先的仪式最为隆重，不仅形式繁多，而且程序繁复。相形之下，在祭祀神灵时则显得较为简单，并具有短期功利色彩。至于传说中的鬼魂精怪，村民没有固定的祭拜仪式，只有一些临时性的安抚或驱赶手段，抱持一种不求有益、但求无害的心态。

一、阴阳两界

在西小章村，村民认为宇宙中有阳世、阴间之分，将包括神灵、祖先、鬼魂、精怪等虚拟存在都归于阴间世界。如人体的病患可以分为阳病、阴病，阳病可去医院诊治，阴病就只能通过与阴间世界相沟通才能治愈，所谓“阳病阳治，阴病阴治”。能够主持各种神秘仪式、沟通阳世与阴间关系的人，称为“阴阳先生”，他们被认为是具有特异能力之人，能自由穿越阳世与阴间，实施种种仪式或法术行为。

在西小章村，人死后灵魂不灭的观念被广泛接受。作为该村各种阴阳仪式的重要主持者之一，马镇华的说法很有代表性：

> 人的灵魂能存在 180 年，180 年后就消失了。像在大战争、地震中死去的人，他们的灵魂不会存在，一般死后他们的物质就消失了，灵魂也不存在了。比如，1968 年大地震是人类的大消耗。其他的人因为病死的、药死的、吊死的、淹死的，灵魂永久不消失。180 年分为上阳、中阳、下阳，三阳甲子。变化是物质的变化，不是灵魂，是人从一种物质变成了另外一种物质。180 年消失了，就换成了另外一种物质。以前的人都有感应力。夏朝以前，父母在哪儿，孩子们都能够感觉到。很多动物，比如鸡、狗都有这种能力，有地震什么的，它们都能够感觉得到。不超过 12 岁的小孩也有一些感应力……比如霹雳火很厉害，什么木都能烧着，天上火就烧不到森林木，白蜡金就克不了木。这些东西都是祖传的，家里以前老人就会。人有五心，两个手心，两个脚心，还有头顶的百会穴。这五心都会分泌出气来，人喘的是氧气，虽然养人，但不是精华。科学上说，物质永恒不变，如果变，也是变成另外一种物体，是生生不息一直在变化的，动物也是。[1]

从西小章人的葬礼上，我们可以更直接地感受到村民这种灵肉有分有合的观念。在西小章人的心目中，人可以与已死的亲人之间产生新的结合关系。不过，人死后并不是立即具有灵性或神性的能力，而有一个过渡期。

① 马镇华，男，西小章村人。访谈时间：2005 年 2 月 8 日。

在这一阶段中，生者对死者的态度非常重要。仪式的恰当实施，将为死者顺利进入阴间世界进而获得神奇的力量提供有效的帮助。因此，村民一般不会将新丧者的肉身当作死人来悼念，其中的很多仪式，显然是在模仿日常生活中孝养老人的方式。

西小章村马氏家族祖茔落成庆典上，马镇华为祖碑上的雕龙点朱砂

以祭品为例，西小章人用不同的食品或准食品，象征死者逐渐死去并归向阴间世界的不同阶段。亲人刚刚咽气之时，布置在供桌上的祭品一般是四个盘，有梨、苹果、香蕉、橘子等鲜果，有的还放置糖块，这些都是平时孝敬老人的食物。紧接着，在守灵的3天内，先是在初丧者的右手放上7个用柳条穿成一串的“打狗饼子”，其原料是白面、酸枣棘针和头发渣，以这种不可食的“食物”让死者携带防身，防备在去阴间的路上被狗咬。再后，为了不让正远飘西天的死者的魂灵在路上挨饿，家人要一日三次地为死者“送浆水”。以前是到土地庙，现在没有了土地庙，就改到村头进行。用生小米和生面加凉水混合而成的“浆水”，显示出由人的食物向鬼的食物的过渡。当吊孝完毕，举行安葬仪式时，家人还要在墓地里的每个角上放上一个栗子和一个枣，取栗子和枣的谐音“立子早”，期盼死者能保佑子孙后代人丁兴旺。到了这一阶段，就喻示死者已脱离人的状态变成了鬼，并具有一定的超自然力，可以施展神奇的力量来庇佑自家人了。

西小章人认为，婚后自然死亡或者因病死亡的人算是正常死亡，死后能够顺利进入祖先的世界，接受后代的祭拜和追思，并对后人有所庇佑。祖先属于“善灵”，经过一段时间的祭拜以后，都会具有一定的神性。某些在生前具有较强能力或已经卓有声名的个别祖先，甚至会变成神，前提是不能中断祭祀。西小章人将曾经做过元朝元帅的五世祖马亮视为神。

西小章人喜欢说“先敬天，后敬地，再敬堂上祖先人”，但祭祀的重点在祖先。已逝的祖先被视为冥冥之中的老家长，具有庇佑后世子孙繁荣昌盛、永传不衰的神性功能，同时对后代子孙形成约束言行的心理震慑力量。宗族力量越强大，对祖先的祭祀就越正规和隆重，追思的形式越趋于多元化，家族成员的自我认同感也会更强。显然，西小章人隆重、繁复的祖先崇拜活动，是现实生活中的宗族力量在信仰层面的投影。

值得注意的是，西小章人通过对葬礼仪式不同程度的参与，使家族内部的认同感因不同家支的区别而产生一定的层次，这其实也是他们构建日常生活秩序的方式之一。如西小章人把叔兄弟、堂兄弟之类血缘关系叫“附骥”，并用一句俗语规定这类亲属在葬礼仪式中的礼仪界限——“五服沿儿，穿白鞋儿”。出了五服的亲属，在丧事上就只是礼仪性的帮忙。村落中的马家祠堂，名义上包括了马氏家族成员中的所有亡魂，但后代子孙却会从中辨识出本家支的先祖，另行祭祀，由此形成了村内以家支、家庭为单位的家祭活动。即使在更小范围的家祭活动中，各家户对上溯先祖世系多少的选择，仍然具有一定的灵活性。一般家户会上溯到“三代宗亲”，个别的家户则将家族历史上的某位中兴之祖列入“家堂”，岁时供祭，从而显示出不同的家祭个性。

二、村　庙

村庙，曾经是西小章村显赫的建筑之一，但现在村内仅存祠堂，另外在村西河堤上有座不大的龙王庙。20 世纪 50 年代以前，村里有多座神庙，但香火都不算旺盛，村民只在有事的时候才进入。根据村民的描述，西小章村曾有如下神庙：

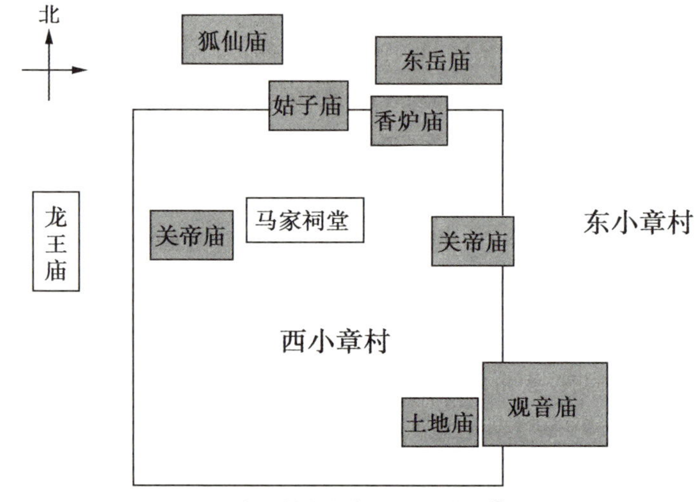

西小章村传统神圣空间示意图①

东岳庙　西小章人大都知道他们的始迁祖马原最初来到这一带时，曾寄居在东岳庙前②，并以“先有庙，后有村”来显示本村风水的优越。但现在已无人知悉庙址的具体所在。

东关帝庙　东、西两座关帝庙都位于村内的主街上，东西对应，相距100多米，今都不存。据村民说，东关帝庙位于村内最大的十字路口的西北角，为清朝康熙年间马一隆主持修建，庙宇规模较大，门前有高台，高5米多，能同时坐下20多人。庙门外有棵大槐树，6人方能合抱，树冠蔓延20多米。遗憾的是，大槐树在20世纪40年代被本村人砍伐。

西关帝庙　该庙不知建于何时，拆毁于1954年，据说是当时宋庄镇武装部长带人来拆的，至今村民颇多抱怨，认为毁掉了一方圣地。该庙原供有5座神像，高4米多，庙门冲村南大路，5条道路交界于此，四通八达，这一带至今仍被称作“五龙口”。在庙的原址上，现建有居民住宅。

① 图中灰色者为已拆毁建筑。

② 清乾隆二十八年西小章村《马氏家谱·始修谱序》：“我始祖于明初卜芙蓉郡崇德乡东岳庙前而寄居焉。”落款为“二公下十一世孙增广生员国桢七十五岁谨识”。

西小章村关帝庙今已不存，有村民在家中供奉关帝神像

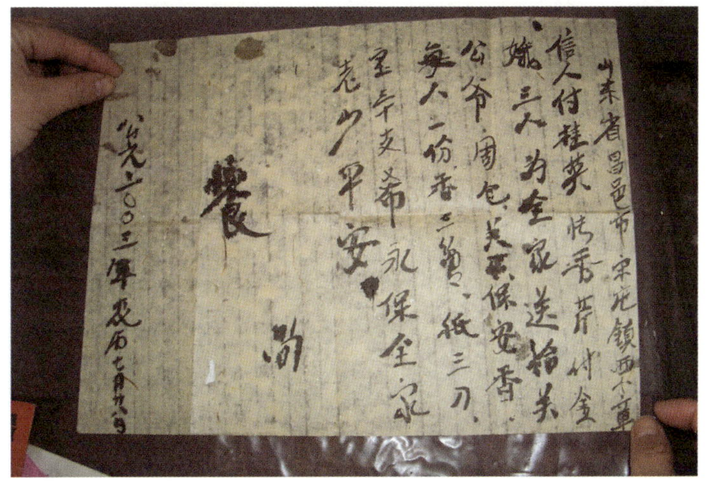

山东省昌邑市宋庄镇西小章
信人付桂英 携香芹 付金
娥三人为全家送给关
公爷围包、关爷保安香、
每人一份 香三包、纸三刀、
圣帝关爷永保全家
老少平安
公元二〇〇三年农历七月廿八日

西小章村妇女敬关帝爷礼单

香炉庙　据说庙址在村东偏北，具体情形不详，今已不存。

姑子庙　庙址在村北，村民俗称“北庵”或“姑子庙”，今已不存。

观音庙　该庙位于村东南，处于西小章、东小章、赵家庄三村交界处，为三村共有，是这一带香火最旺盛的庙宇，今已不存。据村民说，庙宇山门朝

南，颇有气势，内有东屋5间，西屋5间，北屋4间。院落内东南角有一座大钟楼，大钟声响极为洪亮。平时，邻近村庄有老人过世，便来观音庙里面的土地庙报庙，钟撞三响。遇到潍河涨水，撞钟乱点，通报汛情，钟声可传到10公里以外，报知远近村民前来庙前集合，组织防汛。该庙在20世纪50年代被拆除。有趣的是，西小章人在记忆中，总是将20世纪50年代拆观音庙与20世纪40年代国民党拆除附近的青山道观联系在一起。大约是因为这两个事件都是国家以"破除迷信"的名义指令村民亲手拆毁其心目中的神圣建筑，且仅仅相隔数年。

土地庙 村民俗称"浆水庙"，其实是前述观音庙中的一部分。在土地庙的旧址上，已有村民盖起鸡棚养鸡。不过，现今西小章村有人过世，仍要来此象征性地"照晃"①一下。

龙王庙 该庙位于村正西的河堤上。老庙是村民马克哲在1928年主持修建，新庙则是马克哲的儿子马洋林领头、马明江主持修建。庙门很高，以防水淹。据说马克哲是当地有名的善人，曾为修建龙王庙而立誓绝食，结果不吃不喝达40多天，直到老庙修成。

狐仙庙 该庙庙址在西小章村以北约3公里的围子镇孙斜子村，并不属于西小章村，但对本村有一定影响。修建者刘凤华，娘家在西小章村，后嫁至村东北约3公里的北刘巷村。她将该庙称为"宝屋"，当地俗称为"刘善人的宝屋"。庙里供奉天地全神，每隔3年请戏班演出一次。刘凤华逢每月十五在庙前讲道，宣扬行善积德、孝敬父母之理，平时则在北刘巷村家中为人看病解事。每逢她讲道之日，每每有几十人甚至上百人前来聚听，并在庙里烧香磕头，自愿捐款，款额为5元至数百元不等。西小章村也长期有人前来参加。

不过，在西小章村民心目中，真正的神圣之地是祠堂。祠堂钥匙长年由马镇华保管，女性禁止入内，一般也不对外人开放。祠堂的作用主要体现在两个方面：首先，祠堂是过年祭祖的场所。年节期间，西小章马氏家族中辈分最高、年纪最长的老族长，以"守影"的名义住在祠堂里，马家成年男性要进来"拜影"，即祭奠祖先。其次，祠堂是家族内部举行活动的场所。祠堂习

① "照晃"，当地方言，走走过场的意思。

武是祖辈传下来的老规矩，一直断断续续传承至今。平时，写有列祖列宗名姓的“老影”，小章竹马表演所用的竹马、武术器械、旗帜、服饰等所有用物，都存放在祠堂里屋。正月里跑竹马的时候，祠堂又是演员化妆、备马、试马、出马的地方。小章竹马外出表演时，也要在鞭炮齐鸣中从祠堂大门下举行庄重出行的仪式。可以说，以马家祠堂为中心、以多种形式予以祭拜的列祖列宗，在西小章村中具有村落保护神的崇高地位。大年初一这天，哪一个马姓人家要是没有派代表前往祠堂祭拜，就会面临村落舆论的巨大压力。

三、家中神灵

在西小章村，除了村外重修的龙王庙外，传统意义上的神庙建筑早已颓圮，甚至在大部分村民的记忆中已经荡然无存，唯有耸立于村落主街上的马氏先祠一枝独秀，代表着西小章村祖先崇拜的风气之盛。然而，西小章村毕竟是多神信仰的体系。在西小章村各家的院落里，依然普遍存在着形形色色的神灵祭祀活动。多神信仰退于家院的现象，或许与20世纪中叶以来持续良久的“反封建迷信”运动有关。因为有风险，原先许多在村落社区公开进行的祭祀活动，转入家庭之内悄悄进行。

在家中行祭的神祇可分为两类：一类是仅限于在家中行祭的，另一类是不限于在家中行祭的。前者主要是号称“一家之主”的灶神，西小章村各家各户基本上都会张贴其神像，但除了在春节前的辞旧换新仪式外，并无其他祭仪。后者则为数颇多，其中财神与观音最常见，被各家各户普遍供奉。

灶神　西小章村距著名年画产地潍坊杨家埠村不足百里，以前各家各户在年节期间张贴的灶王爷像都是杨家埠年画艺人所印制，在当地年集的小摊上即可买到。近年来，村民购买喷塑灶王爷像逐渐多起来，因为价格便宜，且不易褪色。“辞灶”与“接灶”是西小章村灶神信仰的基本程序。腊月二十三晚上的“辞灶”，用西小章人的说法，就是“送灶王爷上天汇报工作”。“辞灶”的主要仪式是：在院子里烧纸，磕三个头，然后回屋将旧的灶王爷画像烧掉，换贴上新像，但要留下老画像下面所附的“马子”，俗说是灶王爷的坐骑。因此，当地集市上所卖的灶王爷画像都必须是有“马子”的。“接灶”，又称“发马子”，是在大年三十半夜里举行的仪式，将留存下来的旧“马子”烧

掉，寓意是送出灶王爷的坐骑去，将他接回。至于在哪个时辰“发马子”最好，村里的“明白人”自会事先算好并广而告之。村民认为，所算好的吉日良辰正是百神下界之时，因此在“发马子”时要多放鞭炮、多磕头，同时尽量少说话。在西小章村流传的灶神故事，与各地大同小异：

村民在家中张贴神像，神灵多样，祭祀仪式不一

有一个张郎好吃懒做，妻子丁香一直勤俭持家。后来张郎忘了本，休弃丁香，另娶了更年轻的海棠。海棠也好吃懒做，于是家里很快就穷困潦倒。海棠不想受穷，就弃家而去。后来，突然一场大火将家里烧得四壁空空，还烧瞎了张郎的双眼，他只能靠四下里乞讨度日。有一天，张郎讨饭恰好来到了丁香的家门，丁香给他做了一碗面。张郎吃过以后，不由得慨叹说：“自从休了丁香女，没吃过这么一碗好面汤！”说话之间，张郎知道站在面前的正是自己从前休弃的丁香，羞愧难当，一头撞到锅台上撞死了，后来就变成了灶神。[①]

西小章人的灶王爷故事一般就讲到这里，接下来会强调说灶王爷是个反面角色，这个故事为的是让后人引以为鉴。在山东其他地区流传的灶神故事，情节则要复杂一些，接下来还有丁香被遗弃后另嫁他人、与后夫共同

① 马炳辉，男，西小章村人。访谈时间：2004年7月12日。

创业致富的情节，甚至有的地方还添加了张郎、丁香夫妻破镜重圆的大团圆结局。这类情节在西小章村都没有，在凡事强调完美的西小章人看来，“一女二嫁”的情节难免有美中不足之憾。西小章村灶王爷故事的这一特色，可能与本村男权至上的浓烈观念有关。

财神 在西小章村，财神有文、武之分，文财神是比干，武财神是关公，绝大多数家户供奉的都是文财神。西小章人的财神信仰，大致分为“请财神”与“供财神”两种活动。在大年三十深夜或初一凌晨，西小章人发马子后，紧接着就是“请财神”的仪式。在西小章人的观念中，财神每年到来的方向不尽相同，因此需要事先算好财神从哪个方向来，以便朝那个方向磕头，将财神请进家里。虽然各家在灶王像上都会注明本年度财神来的方向，但村民还是宁愿相信像马镇华这样的“明白人”所说的。吉日良辰一到，各家点燃香烛，供上饺子，焚烧纸钱，礼请财神循香入户。财神请来后，是要供奉的，供财神仪式并无一定规范，而是各家自随其意。首先，各家供奉财神的位置不尽相同，北墙、东墙、西墙都可以。其次，供奉的仪式也有较大差异。大多家庭只是贴挂一张财神像而已，仅有少数人家以烟酒糖茶、饭菜、水果等为祭品予以供奉。

在西小章村，有两户人家供财神的方式别出心裁。在村里开饭店的村民马焕新家里，供奉着一个电子感应式的文财神塑像，像前堆满了各种祭品。用手一碰塑像，用以代表香烛的红色小灯泡立刻闪闪发光，同时一段祝贺“新年好”的音乐响起；再碰一下，这尊“现代财神”就挥舞着长条笏板，发出“恭喜发财！万事如意！”的贺词。另有一户人家，供奉的是武财神关公像，这是村里唯一的一户。不过，一旦有人问起，这家主人却坚称他家过年请的也是文财神，不愿意让人知道他家的财神与众不同。

观音 西小章村几乎各家都摆放观音像，但都不用观音画像，而用石膏、陶瓷与彩泥等材质的塑像。观音在西小章村似乎是“万能神”的角色，常被用以解释一些意外灾厄：

> 2005 年腊八夜晚，本村有人喝完喜酒后骑摩托车回家，撞到了路边的树上，被医院诊断为脑积水，茶水不进，一个多月了还不省人事，只好先接回家。家里去找刘善人。刘善人对他家里人说，此时百神回天界了，必须要等到二月以后。又让他们先回家向观音老母磕头 80000 个，

打 12 支青霉素。按照刘善人的说法，就是伤病者家里供着观音老母，原来每天都有供奉的，但在住院后却没人管了，观音老母都没吃没喝断了供养，所以伤病者出院后也茶水不进。这家人果真向观音老母磕头 80000 个，还坚持让医院为病人注射青霉素。正月初十以后，病人就能进流食了，身体状况大有好转。话是这么说，还是离不开住院打针吃药！①

西小章村家户中的神灵崇拜，体现出多元、随意的特征。还有很多神灵，仅限于几户甚至一户之中，并不普遍。村民付桂珍说她除了供奉观音菩萨、灶王爷外，还供奉寿星、胡三太爷和湛山寺大佛以及众多天地神灵。她所供奉的“寿星”是一个酒瓶上的酒标，“胡三太爷”是相框里的一张狐狸照片，“湛山寺大佛”则是一张不知从哪里弄到的湛山寺旅游门票。她还拿出五六个笔记本，指着上面很多零散的手抄经词说，她是通过唱颂这些经词来供奉众多天地神灵的。

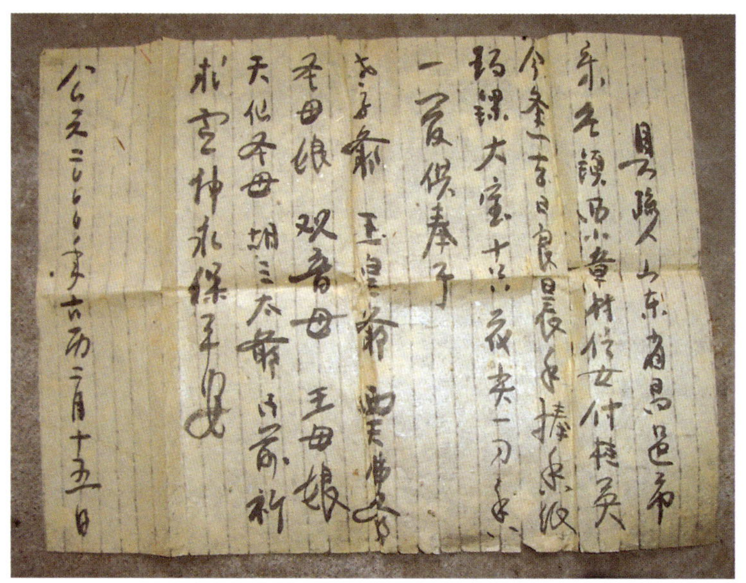

具跪人山东省昌邑市
东冢镇西小章村信女付桂英
今逢吉日良辰手捧表纸
[illegible]大宝十六[illegible]一刀[illegible]
一盘供奉于
老天爷 玉皇爷 西天佛爷
圣母娘 观音母 王母娘
天仙圣母 胡三太爷 以前祈
求灵神永保平安
公元二〇〇六年古历二月十五日

西小章村妇女敬天地诸神礼单

村民马家鸾在家里供奉的神灵就更多了。在家中里屋，她挂着一条破

① 马炳辉，男，西小章村人。访谈时间：2004 年 2 月 8 日。

旧的、几乎难以看清的布单，分上、下两层，写满了众神名号。上层，用竖体法从左到右写有“玉皇母神位、老子娘神位、老子爷神位、玉皇老爷神位”。下层，从左到右写的是“悟生老爷位、悟生老母位、胡玉芳神位、胡三太爷神位、胡秀花位、岳王老母位、岳王老爷位”。最下面一行横写着“公元一九八六年古历七月”。马家鸾老人认为，上层四个为天神，以西天如来佛（但布单上并无这一名号）、老子爷为大。下层为家院神，无论人走到哪里，都离不开悟生老爷与悟生老母的保护；胡玉芳、胡秀花是胡三太爷的女儿，这三位是家院内神；岳王老爷和岳王老母是“整个国家的神，权力大了去了”。她还在东屋西北角设一个香案，摆放香炉、红烛、四碗菜、水果等，供奉着两个观音（一个是石膏做的，另一个是彩色泥塑的），还有一个瓷质的文财神。在她家里，还存有一幅包裹着的比较新的神图，只是没有挂出。这幅神图分为三层：中、下两层写有天地百神，上层写有竖排的 17 句话，红纸墨字。在神图两边，是两只插满花的花瓶。

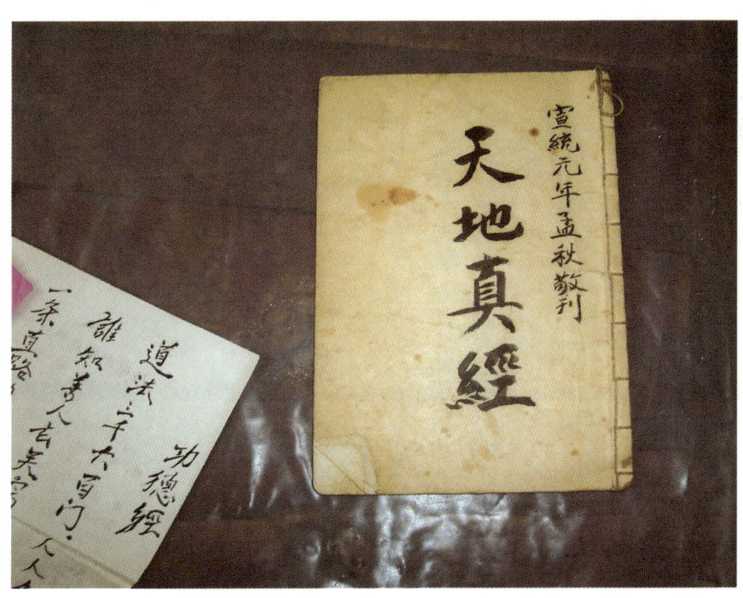

西小章村流传的清朝宣统元年刊本《天地真经》

由此可以看出，西小章村的神灵信仰活动主要是由老年人操持，其中又以妇女居多。这说明，神灵信仰在村里老年妇女群体中有深厚的心理基础。不过，由于她们在村落和家庭中处于边缘地位，因而其操持的神灵信仰也就

不占据主流地位，其信仰诉求多在家户之内实现。比如在 20 世纪 80 年代，村民付季征等十几位老人曾经与邻村人共同租车，在每年阴历六月十八这天前往泰山朝拜，并连续数年，此后时断时续，在 1995 年以后就彻底中止了。付季征的解释是："年纪大了再去不方便，没人热心组织。"实际上，这与 1995 年村里大张旗鼓地组织重修祠堂大有关系。朝拜泰山毕竟需要相当的花费，村中有了祠堂后，再费时费钱、"舍近求远"地去泰山朝拜，就会在村中和家庭内部面临相当大的压力。这一细节，显示出主姓村内祖先崇拜对多神信仰的抑制。在西小章村，男子占据主流地位，他们倾向于在祖先崇拜的多种活动中满足其信仰需求，而对于众多神灵则怀有"临时抱佛脚"的应急态度，具有实用性、短期性、便利化、不稳定的特点。

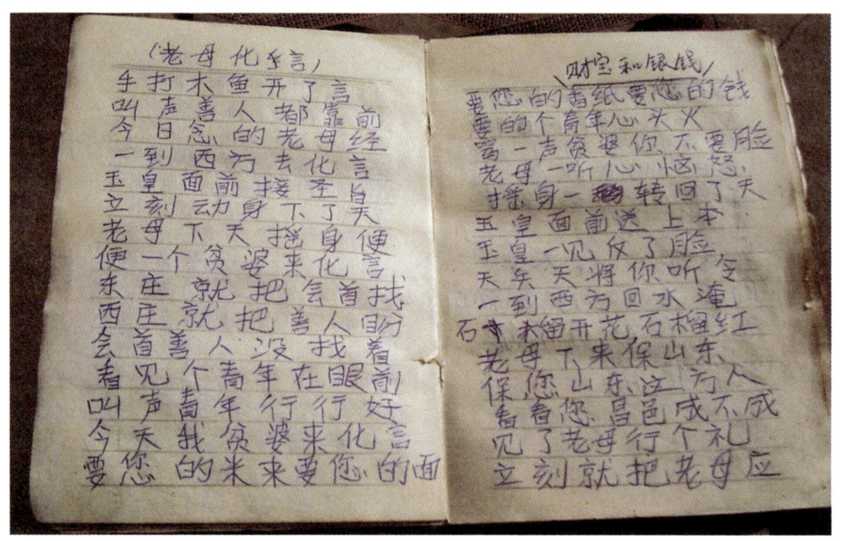

(老母化缘)
手打木鱼开了言
叫声善人都靠前
今日念的老母经
一到西方去化言
玉皇面前接圣旨
立刻动身下了天
老母下天摇身便
便一个贫婆来化言
东庄就把会首找
西庄就把善人盼
会首善人没找着
看见个青年在眼前
叫声青年行行好
今天我贫婆来化言
要您的米来要您的面

财宝和银钱
要您的香纸要您的钱
要的个青年心头火
骂一声贫婆你不要脸
老母一听心恼怒
摇身一转回了天
玉皇面前送上本
玉皇一见反了脸
天兵天将你听令
一到西方回水淹
石榴开花石榴红
老母下来保山东
保您山东这方人
看看您昌邑成不成
见了老母行个礼
立刻就把老母应

西小章村宝卷《老母化缘》手抄本

四、野鬼精怪

在西小章村，村民喜欢向外来者介绍其祖先崇拜的习俗，而不大愿意谈论野鬼精怪、杂神信仰之类的事，但相关信仰活动却是普遍存在的。这一现象的出现，可能有如下三个方面的原因：(1)20 世纪中叶以降，政府曾对民间信仰进行强有力地干涉与压制，使得部分村民至今仍对民间信仰方面的调查怀有戒备心理;(2)在这一单姓家族村中,强大的祖先崇拜对其他信仰活动形成压倒性优势;(3)这与西小章人喜欢强调其村落个性有关。在村民心目中,其他信仰活动在周边乡村中普遍存在,只有竹马为本村所独有,而族谱、祠堂、族墓等祖先崇拜活动在这一带也很少见,这使他们备感自豪。

其实,村里 70 岁以上的女人几乎都会"叫魂儿",也称"摸魂儿",多神信仰在该村是非常普遍的。

(一)屈死鬼

村民认为,世界上只有极少数人能在死后成神,一般人死后都会变成鬼,在阴间依然能够维持与其生前类似的"生活",如果生者按照老规矩行祭,就有望得到作为回馈的帮助。容易对人造成伤害的是"孤魂野鬼",又称"屈死鬼",大致包括未曾婚配便死去的孤男寡女、暴死者和客死异乡者,因为心有怨气,就容易闹鬼。"孤魂野鬼"四处游荡,遇到"时气低,八字软"[①]的人就会附体上去,被附体者出现种种异常症状,如说话不正常、五官不正常、脉搏不正常等,干扰到正常生活。

西小章人认为,婚姻有着"传宗接代"的神圣使命,那些正常情况下未曾婚配而亡者心有不甘,有所怨恨,是很容易闹鬼的。相形之下,那些因战争、地震或大瘟疫而死去的人,无论男女婚否,变成鬼后都不会对人有什么妨害,因为这些都"怨不着人"。

(二)叫魂儿

孤魂野鬼的"闹鬼",以"附体"于人为手段,最容易被选作附体对象的是一些"时气低,八字软"的中年妇女和孩童。12 岁以下的孩子,正处于"魂魄不全""阳气不足"的状态,容易受到孤魂野鬼的侵扰而"掉魂儿":

> 人掉了魂,就是阴阳有差别、不平衡,高级神灵受了刺激,举不起来了。灵魂就好比黑匣子,小孩后天道业浅,容易掉魂。12 岁之前能感觉

① "时气低,八字软"是西小章人对于那些先天性体弱多病者的一种解释,认为这与整个宇宙世界的活动规律有着一定关系。时气,是指由人的日常行为与宇宙时间的和谐状况所决定的"运";八字,是指由人的出生年月日时的天干地支所决定的"命"。

很多(成人感觉不到的),那是先天人,12岁以后就是后天人了。[①]

如果一个孩子一连几天表现得无精打采,昏昏欲睡,或是莫名其妙地发高烧不退,去医院也看不好,西小章人就断定他是"掉魂儿"了。前来"叫魂儿"的老人摩挲一下孩子的手掌,就能大致说出他的"魂儿"在哪个地方掉了。判断得到主家的证实,"叫魂儿"的老人便拿起孩子的衣服念叨一番,或是用笊篱捞捞就行了。长时间不"叫魂儿"的老人,有时一次还叫不回来,就要拿出写在纸上的"拘魂马子"(也有说是"聚魂马子"),多念几遍。"拘魂马子"有多种版本,比如七字一句、四字一句等等,最常见的是四字一句的:"荡荡游魂,何处留存。山神土地,快快搜寻。如若找到,送给灶君。太上老君急急如律令!"马炳辉介绍说:

> 咱村里会叫魂的人很多,一般都是女的。一般就写个"拘魂马子"。"马子"是黄表纸,上面写红字。(叫魂的)说"送给灶君",就是"送回家",灶王是一家之主,也就是家长。还要说"太上老君急急如律令"等,念咒的。还有的拿个耙子,上哪里去搂搂,有些还真管用。有时候人发烧,到医院打针也不管事,小孩晚上突然哭,他们都会摸,是掉到园地里了,还是掉到阴沟里了,无论掉到哪里了都能摸出来。时间长了不叫就难叫,一遍叫不回来,还得多叫几遍,就等于是太上老君下的命令——这是男人叫魂的时候。女人叫魂就是摸摸。[②]

叫魂儿、摸魂儿之类的行为,只是消极的事后防范。西小章人还有更积极的方式来预先安置不安分的孤魂野鬼。他们在一年之中要过两个鬼节——清明和十月初一,并不包括很多地方盛行的七月十五。其中,清明是"小鬼节",十月初一是"大鬼节"。每逢节期,村民都要去给老人上坟,男人在节前去,女人则在节后。传统的上坟时间是在黄昏时分,因为在西小章人的心目中,鬼属阴,太阳正盛的时候鬼是不敢出来的。不过,现在时间上已不再像以前那么严格,都提早了,只要是太阳落山后便可。上坟时,除了祭祀家中逝去的长辈以外,还要对孤魂野鬼予以施舍,劝说他们各安其位,不要生事。

除此之外,西小章村还流行两种习俗,都与安置孤魂野鬼、维护社区正常秩序的观念有关。

---

① 马升池,男,西小章村人。访谈时间:2003年10月24日。
② 马炳辉,男,西小章村人。访谈时间:2004年2月9日。

其一是二月二"抬姑姑"。按照习俗，未婚早夭的男丁可以入墓地，嫁出去的姑娘也可以葬在婆家的墓地。在订婚后死去的姑娘，也可以入婆家的墓地，而且还算长房，续娶者所生的孩子要称呼她为"大娘"，过年初二要先去"大娘"家给长辈磕头，然后再去自己的亲姥娘家。还没找婆家、未婚夭亡的姑娘，只能埋葬在大路边，父母健在的时候会不定时地、悄悄地给她上坟，一旦父母亡故，就成了既无标志也无人管的孤坟。到了二月二这天，村外如果有这类"姑娘坟"，村里大人就会怂恿着孩子们到"姑娘坟"上去"抬姑姑"。具体做法是，带着下饺子的热汤和炉灰，洒到一座"姑娘坟"的压石板上，再用一个粗瓷罐子往下蹾，泥罐子就会结结实实地粘在石板上。孩子们七手八脚地抬罐子，有时候居然能把压坟石板抬起来，这被认为是"姑姑"显灵了，不行就继续试验。一旦成功地抬了起来，村民就鼓动孩童抬着到处转转，认为通过这种方式可以驱鬼辟邪。在孩童心目中，"抬姑姑"是一种热热闹闹的好玩游戏，而且总会受到大人的赞许。西小章人解释说，这是对"姑娘坟"的一种祭奠仪式，是对本村未嫁而死的姑娘的一种纪念。

其二是"轧(gá)阴亲"。轧阴亲，当地也称"结阴亲""冥婚"等，是为未婚而亡故的人寻找配偶，举办"婚礼"。据村民说，"轧阴亲"的事过去和现在都有，在这一带是再正常不过的事，只是近年来的花费有些过分。

(三)精怪拐人

在西小章人心目中，除了这类孤魂野鬼之外，还有一种自然界中的精怪，也会四下游荡，附体于人。西小章人把精怪附体这一现象称作"拐人"，村民马升池对此有一套很通俗的解释：

> 任何动物的精怪都能害人，人的心灵很脆弱。有时候，人因为一点家务事，或者一时的不高兴情绪，都能造成气血衰退。气是阳，血是阴。人一受惊吓，就气血弱，气血衰退，虚邪之气趁机内侵，导致精怪"拐人"的现象。所以，人要时刻保持心情饱满，身体壮实，才不至于被虚邪侵犯。[①]

在村民看来，精怪的灵力为自然界中某类植物、石头等物质所天然具有，也可能为某种动物修炼所得，其能量介乎神与鬼之间，很容易对人造成

① 马升池，男，西小章村人。访谈时间：2003年10月25日。

危害，甚至会为某个家庭带来巨大混乱，导致整个村落的恐慌。据说，这些精怪（如狐狸、黄鼠狼、铁狸子等）特别容易“拐”那些“时气低，八字软”的中年妇女，使其精神错乱，胡言胡行。不过，这种事情的发生并非无缘无故，而是与人们先前对某类自然生灵的伤害有关。施害者不一定是被“拐”者本人，但肯定与其有密切的关系。也正因此，人们通过一定的仪式，可以使这些精怪恢复平静，精神错乱者便不治而愈。

据村民说，容易被精怪“附体”的还有从外村嫁到本村来的媳妇，尤其是年龄在三四十岁的中年妇女：

> 女人身体弱、时气低，特别容易被动物附体。特别是三四十的女子，容易被黄鼠狼拐着，但都是短期的，过了这个年龄自己就好了。因为那时她们身体软弱，而不是生活条件的原因，老人小孩都没事。男的身体强壮，不像女人的体质太差，精怪想附体也附不上。[①]

在西小章村，很多人都能绘声绘色地讲述一些“精怪拐人”的事情。他们认为这绝非迷信，声称有的就发生在他们的房舍前后，有的被“拐”者就是他们的近亲。但同时又告诫我们说，人家发生这事挺犯忌讳，不能随便去人家家里乱看乱问，就是问人家也不会说，很是神秘。西小章人的“精怪拐人”故事，主要与狐狸、黄鼠狼、铁狸子这三种动物有关。

狐仙 据村民回忆，大约在1957年或1958年，还能看到以前傅振邦抗捻军时修建的围子墙的遗迹。当时大家干活普遍收工很晚，一到夜晚满山坡上都是狐狸，还能看见很多“狐狸灯”。西小章人说，这些野狐狸可分为两类，即“火狐狸”和“草狐狸”。“狐狸灯”是火狐狸嘴里喷出来的气体，像个火球，有拳头那么大，锃明透亮。只有这种带着“狐狸灯”的火狐狸才有“拐人”的能力，俗称“狐仙”。而那些毛发呈黄色、灰色的草狐狸则不能“拐人”。现在西小章村的四周已经看不到野狐狸了，人工饲养的狐狸不具有这种法力。村民马炳辉最后一次看到野狐狸是在1967年去田地看护花生的时候。从那以后直至现今都没有再见过，村里也再没发生过狐狸“拐人”的事。

黄鼠狼 以前，西小章村这一带黄鼠狼很多，毛发皆为黄色，毛茸茸的尾巴又粗又长。在村民的心目中，活的年岁长、个头大的黄鼠狼最容易“拐

---

① 马炳辉，男，西小章村人。访谈时间：2003年10月24日。

人”。村里打黄鼠狼的猎人都“八字硬”，不怕黄鼠狼“拐人”，有人曾经打到过重达七八斤的大黄鼠狼。黄鼠狼的肉不好吃，主要就是卖皮毛，其硬毛可以制作毛笔。现在，黄鼠狼在村内外偶有所见，但个头较小，每个能卖20多块钱。据村民讲，黄鼠狼“拐人”的事情，在20世纪六七十年代发生得最多。村民对这一现象的解释是：这一时期“时气低”的人多，黄鼠狼也多。现在的黄鼠狼虽然还能“拐人”，但已极为罕见。最近的一次黄鼠狼“拐人”事件也已经是20年前发生的事了。西小章村有一名妇女姓马，曾被黄鼠狼“拐”过，那时她大约30岁。黄鼠狼“拐人”时，通常在距离病人100米之内，看上去像死了一样，只有尾巴在不停地摇晃旋转，似乎在遥控着屋里被“拐”的人胡言胡行。据说在黄鼠狼“拐人”的时候，千万不能打死它，唯一能做的就是想办法把它吓跑。因为一旦打死它，被“拐”的人就彻底疯了，再也无法医治。每当村民谈起此事总是眉飞色舞，口若悬河，演绎有加。但难解究竟，尤其是当事人离世已久，这就更加难说清楚了。

铁狸子　在西小章人的口述中，铁狸子虽然数量不多，但“拐人”的法力却最强，可以同时“拐”多个人，是“精怪中的精怪”。铁狸子的外形特征很像狸猫，但尾巴没有梢，而且眼睛是竖着的。据说20世纪60年代的一个春节期间，一伙人追着两只铁狸子打，一公一母。公的那只体格硕大，有40多斤重，它为了掩护另一只逃走，结果被一位村民把脑袋劈成两半打死了，然后剥皮卖掉。母的那只下落不明。从那开始，这位村民的媳妇就开始胡言乱语，说他“心狠、很坏”，把她丈夫的头给劈成了两半，直到现在仍然是神经错乱，经常穿白衣、戴白帽，满街跑着又哭又骂。家里人曾经多次送她去各级医院，但一直检查不出病来，也就一直治不好。这一带的神婆神汉也来给她看过，同样不起作用。

据村民说，铁狸子“拐人”这类古怪事在以前发生得更多。20世纪初，有一年割麦子的时候，该村一个大户人家在场院里打场，先用水将场院地面泼得湿透，然后撒上麦秸，用碌碡轧平。在这一过程中，他们在一堆烂木头底下弄出一窝小猫来，家中妯娌四个就分了各自带回家养着。养了一段时间以后，她们发现这些小猫叫起来不是那种“喵喵”的声音，而是低沉的“哧哧”声。请有见识的老人来看，发现全都是铁狸子，于是全部砸死。没多久，妯娌们全都疯了，乱打乱撞乱跑，患了疯魔一般。据村里的“明白人”说，原来都是被

大铁狸子"拐"着了。家人去邻近宋庄求告一个有名的神婆，她在自家安放了一张"虚惊桌子"，两下里不断地传话指点，最后将这些精怪送到"虚惊桌子"上接受供奉，这家人需要在逢年过节时提着礼物去上供。如此一来，妯娌四个才慢慢地好了。据说在若干年后，精怪住够了宋庄村的"虚惊桌子"，就又返回西小章村来，结果这家又乱成一团。无奈之下，只好雇上轿子把精怪又送到围子镇孙斜子村"刘善人的宝屋"，才又消停了。前前后后折腾了将近20年，精怪才离西小章村远去，从此以后再不来这里"拐人"。据村民说，铁狸子"拐人"时的表现也很特别。它们都有法号，公的叫"七太爷"，母的叫"吴师傅"，"拐人"之前先要自报法号，一副有恃无恐的样子。

此外，西小章人认为石头、树等自然物质也具有一定灵力。在西小章村的街头巷尾，很多墙面镶有薄石板或是挂着木牌，上面刻写着"太公在此"或"泰山石敢当"等字样。据说这样可以使百邪莫侵，家院平安。另外，西小章人有天井里不能种树的讲究，认为在院里种树是犯忌讳的，容易导致家人生病。在盖房子前，村民要仔细拾掇好地基下面的东西，如果遗落下砖头、石头、瓦块之类物什，家里人就容易犯头疼的毛病。村里一位有名的神婆就声称她已经收治过多起这类病例。

村民关于"精怪拐人"的说法，讲究"冤有头，债有主"。一般来说，都是因为人们有意无意之间对某种灵物有所伤害，它们出于报复心理，将事主闹得鸡犬不宁。这时候，人们可以采取恫吓、驱逐的手段，但最好是找村里的"明白人"，按照一定的仪式进行供养、祭拜，才能消除麻烦。上述做法在西小章村广为流传，且都有大量的所谓"亲眼所见"或"亲耳所闻"的事例为证，讲述者煞有介事，听起来神乎其神。但总的来说，大多数西小章人是把这类事情当作奇闻逸事，说说笑笑一阵也就罢了，并不十分当真。

第五章 祠堂习武

在西小章人的记忆中，祖传武术的传承与家族祠堂密不可分。他们的先祖，就是以祠堂为练武场所，一代代把武术传到今天的。家族祠堂所代表的神圣权威是村里任何一处建筑都难以比拟的。除了过年，一年到头祠堂一般都不开门，除非有特别原因，习武就是特例之一。

农闲时节，男孩子进入祠堂练武，在绝大多数西小章人看来是天经地义之事。在祠堂的正屋里，排列着竹马表演所使用的刀枪棍叉，气势森严。冬天，每天黄昏后，西小章村的男孩子们来到祠堂小院，在本家族武术师傅的指点下，操练武艺，挥汗如雨。他们只有练到了一定程度，才被允许触摸兵器。祠堂里排列的这些刀枪棍叉，曾经有许多前辈使用过，留下了形形色色的武林传奇故事，他们对这些祖传宝物充满了好奇与敬畏之情。等他们学成武功，他们将是这些刀枪棍叉未来的主人。他们也会像自己无比敬仰的前辈一样，在过年的锣鼓声、鞭炮声中，在众目睽睽之下，手执刀枪棍叉，穿戴一身亮丽行头，从祠堂大门庄严出发，走进村落，穿行于周边社区，那里有可供他们尽情表演的广阔空间。

在西小章村，好武之风绵延至今。西小章人对于先祖武术故事的津津乐道，体现出一种崇拜能人、推崇强悍、“好汉护四邻”的心态。祠堂练武、竹马演武的习俗，带动了西小章村武术活动的持续活跃，起到了开发村民身心潜能的作用。同时，村民在上述活动中联络了感情，增强了家族村落的内在

凝聚力。在整个武术传承活动中，既有对传统智慧的巧妙运用，又有对个人灵性自由发挥的宽容，显示出传统乡土社会中特有的和谐与温情。

一、小章习武不拜师

在山东地区，有习武传统的村落不在少数。一般来说，学武之前都要先拜师傅，有的地方还要举行拜师收徒礼仪，并为此大摆宴席。不过，在西小章村这一主姓家族村中，武术来自祖传，因此所有的拜师礼仪一律省去。西小章人对此甚感自豪，喜欢将一句“小章习武不拜师”挂在嘴边，显示本村武术授受的公益色彩。在这句俗语的背后，还强调外来人不能来本村拜师习武，是对“小章武术不外传”禁忌的明示。

马家祠堂陈列的这柄“头刀”，据说曾砍杀过土匪

在西小章村，武术活动讲究学教自愿。以前，男孩子长到十二三岁，或是出于自己爱好，或是应家里要求，就可以到祠堂院子里跟着学。这种学教自愿的原则至今不变，孩子们平时是抽周末的空隙，农闲时节则几乎每晚来练，每次一个多小时。到了寒、暑假期间，祠堂里甚至在整个白天都不断人。

武术训练必须有老师手把手地教。孩子习武时，自有习武有成的长辈到祠堂来义务传授，他们从来不会挑拣学生，也不会拒绝学生。师傅也不是严格意义上的专任教师，村内练武有成者谁都可以充任临时“师傅”，无人对此大惊小怪。很多村民都有在祠堂习武的亲切记忆：

西小章村马家祠堂，长年陈列着各种兵器

忘了是哪一年开始学竹马了，应该十几岁，反正那时还在学校里，老人支持我学竹马，也愿意教我。老人们都特别爱好竹马，尤其是上了年纪的，我也就自然而然地跟着学上了。①

我13岁时就不让上学了，整天下地干活。我倒是去学武来，但是不努力……我们这一批练武的有20来个，一个叫马月常的老师教的，他说了算。②

在我学枪的时候……当时有个枪花——枪一搅不是就有个花嘛——叫"凤凰三点头"，怎么也弄不好。教我们的老师也不是学枪的，也就是点到为止。他和你说怎么弄，但耍不了那么精神（准确）。结果旁边有个人不出声地看，他平常不太爱说话，突然间他有点激昂，因为他会耍。他说"这个枪我教你"，就拿起那杆枪，抖动枪头，"忽忽忽忽"的，都出响声了。看着枪头来回地转，旁边的人都鼓掌、叫好。那时候我还很小，十四五岁吧，是10年前的事了。③

① 马炳远，男，西小章村人。访谈时间：2003年10月25日。
② 马焕章，男，西小章村人。访谈时间：2003年10月26日。
③ 马晓峰，男，西小章村人。访谈时间：2003年10月26日。

西小章村武术授受活动具有群体传承的特点。马焕章从1933年开始习武，当时有伙伴20多个。马镇华在20世纪40年代后期开始习武，当时有伙伴40多个。1991年马镇华在马家祠堂开场子教拳，12岁的马炳远、14岁的马晓峰和十几个伙伴前来参加。当然，在看似与以前差不多的传承活动中，西小章人还是感觉到有些变化。其一，习武条件比以前有明显改善。以前地里农活多，习武都是在冬日夜晚进行，每人须自带煤油灯照明。现在村委会在祠堂内外安上了电灯，电费由村委会支付。其二，现在人们练武吃苦的劲头大不如前。村里老人们经常私下嘀咕，认为这与计划生育政策、各家男孩都是独生子娇生惯养有关：

打我记事的时候就看这个东西。不过现在的人学这东西学得不真切了，原先的非常真切。为什么呢？现在的人脑子聪明，有点搅鬼，不下功夫了，他心里想着别的。①

早先俺那是一过腊月就开始练武，一直练到清明节。不光是为了出去耍，主要是为了锻炼身体。②

现在是放假那几天才练。原先专门有那么个竹马队，基本是天天练，练武术式子，演竹马也是十里八村地演，一直演到正月十五六。现在很多东西都失传了，特别是武术失传了。有一套大架子，小孩们不练。以前不一样，一到冬天都去练，不去的话家里的老头子不让。那时我没学，武术是个苦差事。③

原先家长都愿把孩子送入影房（祠堂）练武。一般是在冬天晚上。平时三五成群地练，干农活歇着时也抽空练一小会儿，经常把手中的锨、镢、锄等往空中一抛一接地练，觉得挺好玩。④

当时学武术比较热门，40多岁的人应该每个人都会一点，不过他们一般都不张扬。⑤

① 马炳江，男，西小章村人。访谈时间：2004年1月8日。
② 马镇华，男，西小章村人。访谈时间：2004年1月8日。
③ 马兴墀，男，西小章村人。访谈时间：2004年1月7日。
④ 马正池，男，西小章村人。访谈时间：2004年1月9日。
⑤ 马晓峰，男，西小章村人。访谈时间：2004年1月9日。

西小章村新一茬武术队员

整体社会环境的巨大变化，是导致上述差异形成的根本原因。以前，因为乡村教育不普及，再加上外部社会的动荡混乱，家长们觉得把孩子放在祠堂里练武最放心。[①] 现在，随着初级教育在村落中的普及，孩子们普遍感到学习的压力，难得有精力到祠堂习武。此外，家长为孩子设计的人生之路，一般是"念好书将来上大学"，因此担心祠堂练武影响学业，因此送孩子来祠堂习武的积极性已大为减退。现在村里最有名的武术老师是马镇华，1991年在祠堂授武，大有"受命于危难之际"的使命感。[②] 马镇华把此事看得很重："武术是老头子留传下来的东西，一是把孩子们教育好，二是练武强身健体。"[③]他对自己在祠堂里开场授武以来的评价是："十几年的苦心，我只教出了4个孩子还像点样。"近年来，马镇华还收了几名女弟子，但对她们只是在自家院里私下教教，并不到祠堂里教授。

① 马镇华："解放前，孩子学竹马、武术，家里老人就放心了——不会出去吃喝嫖赌，因为这里面没有邪事。"马镇华，男，西小章村人。访谈时间：2004年1月8日。

② 马镇华："十五年前，马驰他爷爷骂我：'你看现在这竹马都成什么样了？没两个像样的！'我这才答应带徒弟。"马镇华，男，西小章村人。访谈时间：2004年1月8日。

③ 马镇华，男，西小章村人。访谈时间：2004年1月8日。

二、习武规矩

祠堂习武，先练什么，后练什么，其实并不严格，只有一个大致规范。比如，刚入祠堂习武者，因为没有基本功，所以先要蹲几年架子，再学套路，最后练得像模像样了，人又比较可靠忠实，老师才肯为他“批拳”，即讲解拳术套路中每招每式的实用技术与窍门。下面以马镇华2009年的祠堂教拳活动为例，观察西小章村习武活动的大致程序。

（一）站架子

近年来，在西小章村教授武术的主要是马镇华。他坚持采用传统教法，第一年基本上以蹲马步、练功架为主，练武时间从黄昏时分练到晚上9点多。习武讲究“苦尽甜来”，过程是很辛苦的。西小章村武术中的一些传统训练方法，近乎挑战人体极限，需要特别的耐性，这对现在的年轻人而言是很难忍受的。对于当初的练武经历，老一辈与年轻一辈的评价不尽相同。老一代村民马焕章、马炳辉回忆说：

> 比方说站马步，怎么站，站多长时间，都有讲究，光马步就得站一两年。①
>
> 俺那时候一放学就去祠堂。是俺那个大爷教的，俺和堂兄弟就站马步，一气儿站了大半年，他也不教你练拳。咱不懂得，也不能问，就站马步，后来练摆莲②，练基本功。一气打了两三年，这才教了个一走半走③的。动作必须做得稳住劲儿，别乱动弹，这样才行。④

年轻一代的马晓峰，对当初习武经历的回忆并不美好，觉得很苦，但也承认传统的武术练法效果很好：

---

① 马焕章，男，西小章村人。访谈时间：2003年10月25日。

② “摆莲”，又叫“摆莲腿”，用力让左腿或右腿在身前向上向外划出一道旋转弧线，并在这一过程中用双手拍击脚面，此为传统武术基本功训练中的主要动作之一。

③ 西小章村的武术，“大五走”“小五走”是最基本的拳法，各分为五个部分，每一部分称为“一走”。

④ 马炳辉，男，西小章村人。访谈时间：2003年10月24日。

> 第一年光站马步，站了整整1年，什么也不学。到了我们这一辈，基本功就一点也不扎实了，不如老一辈那时候扎实。毕竟只站1年的马步，摆出来的架子，打出来的样，都不如老一辈好。尤其有些四十五六岁的人，打得就特别好看，咱自己就打不出那个样来，就再学也学不出那个样来，因为他们基本功太好了。他们练的时间都很长，他们一般要站3年、4年甚至5年的马步，基本功比较扎实。所以有的人站了一年，什么也没学，就说自己什么也不会。[①]

原本想恪守传统教法的马镇华，最终还是有所妥协，只让孩子们站1年架子就开始传授套路。他担心如果坚持让孩子们继续按照传统教法“站架子”的话，学员会不断流失乃至散伙。他对自己这种急功近利的教拳方法也不满意，但又无可奈何。他叹息道：“现在这小孩望着老师害怕，不亲，又急着学新东西。原先的老师就让我一直练练练，给我讲用法是我40多岁的时候。”[②]

（二）学套路

马家祖传的武术套路主要包括大五走、小五走、少林打、八极、六合、汗通、地功、燕青锤、带腿等。大五走、小五走等具有一定的基本功性质，俗称“大架子”“小架子”，都是在一动一静中练习，很吃功夫。“大架子”一向被马家人所推重，有着绝不外传的禁忌：

> 大架子能要人的命。咱这武术可以传，但大架子不能传。大架子会了，自己可以组合拳呀。[③]

西小章人祖传武术的套路十分丰富，除了以上所列的徒手套路，还有大刀、单刀、枪术、棍术等器械单练套路，以及刀架枪、梢子棍对棍、白手夺刀等器械对练套路。据说还曾有鸭子拳等独特套路，今已失传。西小章村之所以能保留下一批比较古老的拳法套路，可能与两方面有关：其一，西小章人一般都能恪守祖传禁忌，在武术传承方面相对封闭，在其他地区失传的套路

---

① 马晓峰，男，西小章村人。访谈时间：2003年10月25日。
② 马镇华，男，西小章村人。访谈时间：2003年10月24日。
③ 马镇华，男，西小章村人。访谈时间：2003年10月24日。

能在该村传承下来，如汗通、地功、大五走、小五走、带腿等；其二，作为一个尚武家族，他们在世代传承中都有自编套路的尝试，如马镇华就有“学会了大五手，就可以自己编创套路”的说法。当然，因为时代变迁的因素，其中的一大部分可能已经失传了：

> 20世纪60年代那个刀架枪有一套挺好的，现在失传了……刀架枪就是一个使扎枪，一个使单刀，很冲啊！使单刀的把枪夺过来以后，使枪的就空手了，就使出白手夺刀的功夫，很精彩！还有白手夺刀、梢子棍、燕青十八锤，都失传了。[①]

马晓峰是在祠堂习武的第二年开始学套路的，一套一套地学下来，掌握了少林打、刀架枪、燕青锤、五手、梢子棍、八极拳等套路。但他多次表示，自己的功夫是根本没法跟上一辈人相比的。七旬老人马镇华演练起大五走套路，精神抖擞，动作迅捷，依稀可以看出老一辈习武的风采。大五走套路以走直线为主，循环往复，整个套路显得功架饱满，朴实无华。其大致动作包括：

> 第一走：亮相——四平锤（丁子步）——弓步双推掌——马步单出掌——右拗边——白虎洗脸——卧弓抠心锤——高抬马式——白鹤亮翅。
>
> 第二走：高抬马式——霸王举鼎——虚步一锤——双穿锤——左锤右锤——捉锤——破式——白鹤亮翅——罗汉三掌——白鹤亮翅——顺风扫叶——叶里藏花——美人照镜——上下双护——虚步跨虎——高抬马式——白鹤亮翅。
>
> 第三走：左拗边——白蛇穿锤——虚步左跨虎——虚步右跨虎——高抬马式——白鹤亮翅。
>
> 第四走：右拗边——大卧弓单推掌——夜叉探海——左跨虎——高抬马式——白鹤亮翅。
>
> 第五走：高抬马式——白蛇穿锤——马步单锤——童子（右）拜佛——单碰掌——窝心藏锤——童子（左）拜佛——窝心藏锤——败式——高抬马式——实心摸鱼——摆莲。

---

① 马炳辉，男，西小章村人。访谈时间：2004年1月24日。

（三）批　拳

批拳，指的是武术老师将一个完整武术套路中的招式拆开，向习武者讲解其中的技击实战方法，这是习武过程中的关键一步。因为传统武术套路凝聚着历代武林高手的智慧结晶，所以习武者一旦洞悉其奥秘，其中蕴藏的巨大威力就可能爆发出来。因此，武术老师一般不批拳，而一旦决定批拳时肯定已对习武者的武术功底、品行脾气有了相当了解。否则，不仅会害了对方，也将毁坏自己的声誉。所以有的西小章人习武一辈子，但始终没有师傅为他批拳：

> 拳还没批开，就是没点开。要不年纪小一上火，就容易惹事。①
>
> 那会儿老师给批了个五手。没批开之前就很厉害、很灵活，也能打人，但是打不坏。现在年轻人都不大知道武术招式的用法，老师一般不会跟你讲这个。年轻人他又不知轻重，他学会了用法，有时会伤害人。②

批拳的同时，武术老师会结合老一辈留下来的练武口诀、俗谚，帮助习武者加深对武术招式的理解与记忆。如“朝天一炷香，下底造窝囊”，指的是如果攻击对方的裆部，可能会使对方失去性能力，一辈子活得萎靡不振。此外，还有“马家拳讲究的是一式三下子（上中下）”“一出脚要前勾后顺”“手动脚就动，手脚齐动”“手动往前扑，脚动往后撤”“夜叉探海绕一步，会阴之穴把命丧”“封来再大有闪打”“学会大五手，天下随便走”，等等。

马镇华13岁开始练武，一直练到40多岁的时候，他的老师的老师——已经86岁的马金铭才开始对他批拳。他介绍道：

> 我的老老师叫马金铭，亲自教我，那时他86岁了，教我时把动作的招式、名字、用处都告诉了我。人就怕抠心这一招，有内功的才能护住。一开始他光教动作，什么也不说，不教打人，一直到老的时候，他才传给我了。很多动作怎么用，连我的老师也不知道。因为我老师（学的）那时候社会比较混乱，游击队、土匪、断道的、截劫的厉害，学了一点东西就出去为非作歹，所以我老师那一代没学着多少东西。我的老师是马德璋，功夫是有，但规矩知道得少。老老师是什么都知道，84岁才开始和我说，86岁

① 马镇华，男，西小章村人。访谈时间：2004年1月24日。
② 马炳辉，男，西小章村人。访谈时间：2004年1月24日。

了就什么都和我说了,比如"七打八不打""八刚十二柔"这些禁忌。"八不打"——不打双峰灌耳,不打海底捞月(指打会阴穴,俗称"撩阴"),不打"夜叉探海",不打"抠心挖月",不打"二龙吐须",不打"观音插花"(指两耳至百会穴一带),不打"丽娘射箭",不打"肋窝掏枝",全是败中取胜之法。"双睛落地打眼,二龙吐须打鼻子",这是一回事。咱马家拳是一出三下子(指一出招同时攻击对方身体的三个部位)。直到我43岁了才和我说,高低不能使!"七打",是可以打瘫痪、封肘、为非作歹、行路截劫、抱打不平……我以前会,现在记不清了,老师讲得很明白。[①]

批拳时,老师除了讲解每一个武术招式的用法外,还包括许多实战经验,甚至是一些灵机一动的东西,如败中取胜、就地取材、借力打力、就地十八滚[②]等等,讲究的是随机应变。因为按照西小章人的说法,他们祖上是军户,传下来的是军拳,而军拳讲究的是招招致命。马炳辉介绍说:

> 军拳实战性很强……招招致命。怎么能制服对方怎么来。老头子教俺这一帮子的时候也是这样,兵不厌诈,在自己功夫不行的时候就得那样,该使土扬——就使土扬。要是自己不行了,在地上抓把土一扬,就把别人眼封了。[③]

在西小章人的记忆中,武术功底最好的是马焕章的上一代。据说,把树叶搁在手臂上,抡刀把它砍破,但手臂皮肤没事,就算练到了火候。练武练到一定境界的时候,"七经八脉能自开",可以百病不侵。

三、武德教育

练武,与一般技艺传承不同。练武过程本身是对习武者身体潜能的唤醒与储备。特别是批拳的过程,是对人与人之间以肉身相搏、克敌制胜策略的研究。对血气方刚的年轻人来说,他们一旦获得这种能力,倘若不能很好地节制,往往会伤人害己,成为乡村社会中的不安定因素。因此,包括西小

---

① 马镇华,男,西小章村人。访谈时间:2004年1月8日。

② 马镇华对"就地十八滚"这一招有生动的描述:"好像是他让人家打倒在地,实际上是他主动在地上滚着打别人。一个人在地上滚,你就不好打、钩、挂、踩、踢。"

③ 马炳辉,男,西小章村人。访谈时间:2004年1月8日。

章村武术在内的几乎所有拳派，都在传授武术的整个过程中不厌其烦地强调武德，其原因正在于此。马晓峰谈到自己习武的感受时这样说：

当时练武的时候，脑子里天天想着学的那些套路，成了一种职业病了。当时一拿同学的手，就出现那种感觉了，想给他来一下。就是箭在弦上，老是要发射那种感觉，处处要有作战的准备。天天精神紧张，到处提防着是不是有人要来袭击你，摆什么样的动作去对付他。整天就这样考虑，所以弄得精神非常疲劳。正常人他不需要这样，可能早先的拳师需要这样。

现在没有这样的感觉了，长时间不练，就和平常人没什么两样了。当时可能是正处于发育期，体力也特别充沛，（总觉得）能找个人打打仗该多好。①

这种感觉并非马晓峰所独有，学武者几乎都有类似经历。

马金铭在86岁时开始对马镇华批拳，在传授祖传武术技击精髓的同时，也将武德教育贯彻其中，并再三加以强调。习武者最重要的，是要分清与之交手的对象及场合；其次，一招一式使用适度，切勿滥施暴力。这些都在马镇华心中留下了极为深刻的印象：

学武前要先学武德。习武五六年后，小孩大了，懂了武德，才开始传授诀窍，绝不能与外姓、小姓发生任何纠纷。

咱们讲究文有文德，武有武德。文的手下留情，武的生死相搏。我们老一辈是军户，学的是军拳，水平差的就要挨揍。如果胡作非为，淫性过重，道德败坏，拦路截劫，武功伤人，就有剥皮楦草之罪，不能上谱，也不“入影”，不是马家子孙，在村里住不下了。②

在进行家族武德教育的同时，老师还会把马家武术在历史上曾经有过的一些规矩、轶闻，以拉家常的方式讲出来，如切忌随意显露武功，禁忌外传，传男不传女，禁忌外出保镖护院等。

目前，西小章村已没有人能将其祖传武术中的“七打八不打”“八刚十二柔”等说清楚。其实，类似说法在许多武术门派中都有，如流传于山东烟台

① 马晓峰，男，西小章村人。访谈时间：2004年1月9日。
② 马镇华，男，西小章村人。访谈时间：2004年1月8日。

地区的七星螳螂拳，就有“八刚十二柔”之说。所谓“八刚”，是指“泰山压顶、迎面直通、顺步双掌、叠肘硬碰、贴门靠壁、硬崩伏底、左右双捆、捽捋两分”。同时还附有拳谚：“有门则由径以升堂，无门则破壁而入室。飞杵千斤，击毫发而莫损，荆轲匕首困于难使。青丝一线，击虎臂而有余，搏虎擒龙随手而得。”所谓“十二柔”，是指“见刚而回手、入手而偷手、截手而滚手、捆手而漏手、直统而勾手、采手而入手、搂手而进手、磕手而入手、扑手而进手、挑手而入手、开手而叠手、粘手而破手”。至于西小章村武术与烟台七星螳螂拳等有何渊源，就没有人能说清楚了。

四、外出演武

西小章村向来有着竹马、武术不分家的传统。男孩子一旦进入到竹马表演队伍中来，就意味着获得了外出演武的机会。小章竹马表演队伍中有四五十名武术队员，主要有如下表演任务：竹马队在大路上行进时，他们不断地做高抛刀枪的动作，俗称“撇刀”“撇枪”，高高上抛，再稳稳接住，很是惊险刺激；在竹马队表演之前负责“打场子”，以令人眼花缭乱的扎枪、绳镖动作使人群退后，免得挤坏竹马，并保证有宽敞的表演场地；在竹马表演的间隙，上场做武术打斗表演，轮番上阵。

西小章村孩童参加两三年的武术训练后，就进入竹马队伍，外出演武

在小章竹马表演中，武术对练很受欢迎

在小章竹马武术表演中，老一代村民身手不凡

老一代村民对外出演武有很严格的规矩。以“撇刀”“撇枪”来说，就有很细致的规定：“撇刀”时一定要收住刀头向里翻，绝不能让刀头向外翻，还要将其落点控制在大路上两道窄窄的车辙之内，这样才不会伤人；“撇枪”时枪头也要朝里，因枪杆较长不能往上直抛，而要注意形成一定的倾斜度；接

刀、接枪时，先要蹲好功架，在接住的一刹那形成缓冲；等等。

在这些老规矩的背后，都有相应的问责、追责的俗规。比如高高抛起的刀枪，万一表演者失手没有接住，就以大路中间的车辙为界：如果落到车辙之外伤人，抛掷者就难脱干系；但如果是落在车辙之内伤了人，那么抛掷者就没有任何责任，因为是被伤者乱窜冲撞武术队伍在先。不过，“撇刀”“撇枪”最大的禁忌是让刀枪掉在地上。有一次，马炳辉正“撇刀”时，突然刮起一阵大风将刀口吹偏，为了不让观众受伤，他毫不犹豫地接下刀头，大拇指被劈出一道不小的伤口。据说当年马焕章不仅武术好，连“撇枪”动作都别具一格。进县城时，他能从门楼外将枪高高地抛在空中，然后从门楼里面稳稳当当地接住。而他上一辈的功夫比他还要好。

五、神奇的武术传说

西小章人最喜欢谈论的是老辈人凭借一身精湛武功斗霸称雄的逸闻传说。村民马晓峰、马永升从老前辈马子衡留下的杂记中收集了关于本村早期武术活动的文字记载，至今读来仍觉活灵活现。[①]

马杭劝匪为善

杭，字苐一。伯祖下六世孙。

公素性严毅，黄面长须，双目炯炯，不怒而自威，令人望之肃然。公得家学真传，武功卓绝，兼之道德高尚，堪称德艺双馨之士也。

为授族中子弟武技，公设蒙馆于村中间路南。村野简陋，斯处乃自家场院也。公独处之，只为授业方便耳。

某冬夜，子弟到齐，站步排势，一如往常。有一夜行客猝至，夜行客即俗说之飞贼也。恐人觉，匿于车底。公察之，乃遣散子弟，嘱之曰：“回家好生看门。”众散，公至车旁，飞起一脚，踢于车轴头上，大车横去三尺余。飞身跃于外侧，复踢一脚，车归原位矣。毕，乃于屋中取出宝

① 村民马晓峰、马永升在后面写有“按语”：“几百年来，此事皆有三公之后人整理成书，并为其群从所得，后匿之。余偶从叔高祖子衡公遗书中发现此手抄一册，并将此事整理，以效诸先贤。祖之功德，望后人铭之。愚才疏学浅，不足之处敬请谅解。”后面落款“长支长下二十一世孙晓峰书，长公下二十二世孙永升拜传”。

剑，边舞边歌，所言皆劝人为善之古训耳。舞毕，乃回屋熄灯安歇，并未声张。

后有贾者西去，归途夜宿客店，店主与之闲谈，知为小章，乃详言当年之事。店主即昔之夜行客也，感公教化，改邪归正，经营客店谋生矣。翌日，贾者上路，店主备厚礼一份，托其捎之于公，以表谢忱，并嘱之曰："归去转告吾师，教化之恩，没齿难忘！吾永不再涉足江湖事，请老人家放心可矣。"

贾者归来，详述此事。里人始知之，对公益发敬重矣。

余曰："降人者，威也。服人者，德也。威德并举，大师范也。贼尚能化，何况子弟乎？嗣后贤才辈出，不奇也。"

马自茂制服郎像虎

自茂，字春乔，号烟村居士，大清康熙朝太学生，季祖下十一世孙。

公体貌魁梧，气度昂然，自幼文武兼修，旁及佛道，于所学皆有精深造诣。因其岁时太平，虽无报国之烈举，然地方安民之勋绩丰矣。百里内之泼皮无赖，闻名皆俯贴，无敢兴风作浪者。时有谣云："下密杨，南流郎，难过自茂那道墙。"是为证也。地方一时清平，多仰公之力矣。其生平异人之举多多，今择一二记之。

公少年时，某岁底，其母曰："明朝早起占碾，吾欲碾米过年。"公诺之。乃于夜静时，将碾砣搁于碾，傍之槐树杈上，回家从容安歇。及朝，欲碾米者迤至，见状皆奇之。后知是公所为，皆叹曰神童。

某岁冬，公于市中购一犊。或曰："误春耕矣。"公曰："犊虽小，力无穷。"人皆笑。公曰："若疑，可试之！"遂于市中置套，后系一大绳，犊套好，召精壮者十六名拽绳于后。公一手执缰，一手执套，叱牛前行，十六人拽之不住，走三十余步方罢。公问："信否？"众曰："非牛健，实公神也。"皆叹服。自此，公之名远播。

南流郎姓，有一名像虎者，为一方之强梁也，武艺高，行矫健，性泼皮，喜争斗。闻公名来访之，实寻衅也。宴于店中，像虎命店家煮一囫囵猪头，送于桌上，用尖刀切下一块，扎之疾送公口，曰："马兄请。"公接住，顿齿，"嘣"！刀尖折。公泰然大嚼，咽毕，曰："来而不往非礼也，当回敬之。""噗"！刀尖吐出，直冲像虎口，彼闪不及，二门齿皆折。像虎大

惊，跪拜于地："兄神人，吾不及，恕鲁莽。"公斥曰："子不闻祸因恶积乎？自古山外有山，人外有人，若孤行，必遭报，有能争及惠民耶？"像虎顿首："兄之教，然也，敢再为恶乎？"公曰："知错乃改，善莫大焉，望守诺。"像虎三拜归去。

逾三十年后，公已届古稀之年，身染沉疴，卧榻月余。像虎闻讯喜曰："彼朽矣。"遂摘青杏两捧，前来探视，意在酸谑。公见状怒曰："鼠子可恶！"自榻上跃起扑击之，像虎急遁得脱。适院中有一碌碡，重约百斤，乃提而逐之，逾二里方罢。像虎跪于青山之巅，祷之曰："老天爷，既然降下郎像虎，缘何又生自茂耶！"遂西归，未复东来。

余曰："自原祖西徙至斯时，吾祖世代布衣，偶有一二振作之士，亦不过略异常人而已。得子孙如公，祖宗在天灵可稍慰乎？谨此记，与族人共勉。"

天生神力马廷赞

公力能扛鼎，气可吞犀，大器也。何耐运途偃蹇，潦倒终生，惜乎！

公少时，与南乡段家埠段黑虎相善，义结金兰，如影随形达数年之久。时有炮台村刁民白云彩者，借剿捻大办团练之机，招兵买马，训练士卒，实欲谋反也。一日，公与黑虎去赶昌邑大集，途经山前，适逢云彩练兵，驻足观之，见平淡无奇，乃窃笑。黑虎技痒，恰旁有一碾砣，便踢之于公："兄，石卵好玩也。"公笑而斥之曰："顽童性未改。"遂掷还之。云彩惊，问住址姓名，请演示武艺，二人下场，直如翻江倒海，气势磅礴。云彩大喜，以手加额："古云百步之内有芳草，不谬也。今天送二将于我，岂非有意助我乎？"遂封二人为镇殿将军，随侍左右。后举义事泄，傅帅振邦与聂令莹思设计，云彩伏诛，余众散，二人亡于外地，年余方归。

宋占魁，邻村王珂人也，光绪丙戌年会试，武场夺魁。消息传来，公闻之仰天大笑曰："否！彼若中状元，小章、王珂岂不尽皆乎？"遂不信。盖因两家土地毗邻，闲歇时较武角力，占魁皆不及也。余曰："论公材，国之桢干也，悲乎埋没村野。命运者，实天意也，人弗违之。英雄能以成败论乎？难言也。"

曰盈姑

姑本无学名，小字不可呼也，传说者皆以“曰盈姑”称之。曰盈，其侄名也。

其父云福，仲祖下十四世孙，自幼习武，身手不凡，侪辈中亦属佼佼者。

姑自幼不喜女红，爱练拳脚。偏遇云福公性情豪爽，不拘礼法小节，所以姑得与族中子弟共同演练，加之天生颖慧，悟性极高，十数载下来，武功竟比诸子弟高出一截。于是姑之名不胫而走，乡社皆闻小章有一女杰。

河西周家庄有恶霸，名林青，父子五人横行乡里，无恶不作，人皆惮之，称为“周家五虎”。村中有一富户周梅五，人单势孤，犹为俎上之肉，倍受五虎欺凌多年矣。祖孙三代，敢怒而不敢言，惟相对长叹而已。

某年，梅五君来赶宋庄集，闲谈间听人言及姑事，心中甚喜：何不娶为孙媳，以撑门楣乎？乃回家与儿孙商议，父子皆以为是。于是，梅五君携重礼，亲至姑门求亲，直言受欺之事。云福公与姑闻说，义愤填膺，慨然允之。至秋乃娶，姑陪嫁无它物，惟有练武所用一对枣木棒槌耳。

娶亲当日，五虎欺门大骂。姑欲出惩之，被梅五君力阻乃止。三朝回，人告之，五虎驱猪群入白菜地矣。姑乃于柜中取出棒槌，上系红绸飘飘然，由其夫带路，径去菜地。五虎寻衅，自然早候矣。见姑至，拥上棍棒齐举。只见姑抡动棒槌，红绸如蝶舞，转瞬间五虎皆被打趴在地。姑以左足踏于老霸背，猛用力，老霸嚎如待宰之猪。姑曰：“异哉！虎乃兽王，一吼而百兽慑服，而此虎嚎声如猪叫，佯装乎？”乃抡圆棒槌，狠击其股，老霸愈发嗷嗷。四小虎眼见其父被痛殴，心甚不忍，齐匍匐爬于姑前，请求饶恕。姑曰：“汝等昔日欺人之时，恻隐之心何去？吾亦如是！绝不饶恕！今日誓为乡里除却一害耳。”言罢，棒槌飞舞，“啪啪”连声，四小虎嚎声亦如其父矣。大虎涕泗横流，以额触地如捣蒜：“姑奶，吾父子今日定然痛改前非，但求能饶一命耳。若再为恶，必自诛，不劳姑奶动手矣。”求之再三，姑乃罢手，命其家人将父子抬回家去，治疗将息，两月方愈。自此，一方太平，民得安居，姑被奉若神明矣。

余曰：“鉴湖女侠曾云，‘休言女子非英物，龙泉夜夜壁上鸣’。观姑

惩霸之举，巾帼能让须眉乎？寄语后来者，习武当效姑，护民除害，勿为恶戾。”

护公父子杀清兵

壬午之春，正月既望，清欲统全国，自青州分派八旗兵临于昌邑城。邑人起誓与之没。

护公，昌邑宋庄西小章长公下九世孙，自幼睹其父辈习武，其父奇之。长子玉竹，字君山，儒雅忠义之士，有雅望。次子玉聪，年轻气盛，聪慧过人。从子玉俊，修八尺有余，而形貌昳丽。三人昼下地，夜习武，乡邻敬之。护公唏嘘对之曰：“大丈夫生当为人杰，死亦为鬼雄，吾意已决，星夜击之。”曰：“可。”

护公持梢子，玉竹握双拐，玉聪、玉俊各持刀枪，自潍河古道北上，途经金家口腊木行处，见一队清兵驽骑，十余人。护公曰：“瞻余马首！”四人群起而攻之，紫电青霜，声震潍河之浦。清兵应接不及，纷纷倒毙。约为一刻后，群响毕绝。余二人，缚而问曰：“尔等从何而来？欲往何地？”曰：“从昌城来，欲求同盟军。”公又问：“何时破城？”答：“申时。”护公大呼，愤起而杀之，仰首望日，声以掩泣曰：“申时矣！”至此，故都昌民众沦入水深火热之中。四人返乡，未与族人言。

公叔侄四人，虽皆布衣，精神可贵。支援城池，忠心也；与敌奋战，神勇也。村野之中，亦有英豪哉！

乙酉年云龙于五柳堂①

上述故事，在村民的口口相传中被添枝加叶，变得日益丰满生动。

在西小章村还流传着一些故事，虽无文字记录，但并不减损其在村民心中的权威性。马炳辉、马镇华等都是讲述武术故事的好手。

马金铭空手夺枪

我的那个老老师，光绪年间生，74岁还下场。解放以前，当地土匪多，有两个土匪拿着匣子枪，都叫他一堆儿撸下来了。土匪一掏枪的时候，还隔着三四步远，他“噌”的一下就窜过去了，把土匪的手往上一托，下了枪，就把他们绑起来送到昌邑去了。土匪就在村西地里逮的，用的

① 据此落款与文字内容推测，上述文字应撰于1945年。

是反关节，这样(两手比划着)。这是真功夫啊！就这一手，下了两支枪。人家都是一人抓一个，他是一个人抓两个。他使枪指着，叫这个把那个绑起来，那个土匪又不敢跑，跑就使枪打着他啦。就逼着一个把另一个绑起来，他又把这个绑上。其中有个土匪叫王廷验啊，坏煞！[两人]一起送官，算是活到头了。[①]

马德训飞脚疯狗毙命

俺四叔马德训武术是好，一条疯狗撵他，在一条胡同里头，前头没有路了。他回头一把抓住狗的后腿，左一甩，右一甩，然后脚尖一点，上了墙，疯狗早就死死的啦。别人一看，真有两下子，好家伙！他也因此出了名。当时要是让狗咬着，那就没救了。就该他出名。[②]

西小章人在传授武术的同时，实际上是在传承一种不见于文字的文化。老一代西小章人把祠堂练武看作是培养一个真正男人的方式，是他由孩童变成男子汉的“成年礼”。在祠堂习武的过程中，伴随着家族历史与历代先祖故事的讲述以及对家族武德的传授，西小章人又是在传达一种生活准则和处世哲学。家族长辈在这一传承链条中天然地处于权威地位，并将这种权威地位部分地延续到日常生活之中。

① 马镇华，男，西小章村人。访谈时间：2004年1月8日。
② 马炳辉，男，西小章村人。访谈时间：2004年1月24日。

第六章 竹马表演

西小章人常说:“领得了千军万马,领不了老少爷们耍。”这句话道出了组织乡村活动的难度。乡村活动的组织者,没有将军、元帅号令千军的绝对权力,其面对的是叔伯子侄、街坊邻居,他的权威从哪里来?他们靠的是平时积攒的威望、人气和一副公益热心肠,还得心里有谱,脸上不急,受得了气,讲得清道理,只有这样才能挑得起这副担子。所以村民最敬重的是那些“心里装得下千军万马”“宰相肚里能撑船”“见人三分笑,开口三分甜”,礼仪周全又“眼里揉不得沙子”的人。其实最关键的是这些人有善于磋商、见机行事的本事。

竹马表演,是在纪念“马亮元帅”的神圣名义下进行的。在西小章村,马家人都为其先祖中有一位马亮元帅而骄傲。不过,真正关注马亮历史生平、仔细搜求其遗迹的,全村不过三五人。但正是他们引导着整个西小章村对马亮元帅的神圣情感,不断地为竹马表演提供动力,由此编织出一个常在常新的“马亮神话”。

小章竹马表演,被村民看作是年节祭祖活动的一部分

一、竹马传说

据清康熙十七年(1678年)《莱阳县志》卷六记载,双山村马氏第五世马亮,字经邦,号贞干,于元顺帝至正六年(1346年)考中武进士,授管军千户,历任管军总把、都督元帅。记载虽然简略,但对视老家双山村为圣地、特别认同“军户”身份的西小章人来说就足够了。

在西小章村,最喜欢讲述马亮故事的莫过于马炳辉和马镇华。特别是马炳辉,热衷于搜集整理关于马亮元帅的资料,并在西小章村有着很大影响。

在马炳辉的描述中,马亮生活于一个凭借一刀一枪光宗耀祖、封妻荫子的年代,他的军事经历足称辉煌。当然,马炳辉更多的是从整个马氏家族的立场出发,多有添枝加叶的成分,悉心创造出一个似乎有根有据的“马亮神话”:

> 那时候,我们马氏家族出了一个杰出的人物,他就是我们的五世祖马亮。根据《马氏族谱》上记载,马亮字经邦,1336年中武举,次年中武进士,以后因为战功,官至管军总把、都督大元帅之职。这是些什么官衔,我们也理解不了,只是根据谱上那么记载。他在仕途上可以说是一

帆风顺。

到了马亮晚年，家族五世单传是让他很揪心的一件事情。他当时一个来自汉中的军师前来献策，说："元帅，我有个法子！我们汉中地区有一种竹马表演，很适合你们马氏家族，把竹马搬过来跑跑，人丁就兴旺了。"当初搬这个竹马来，主要就是要祈求人丁兴旺的……①

关于马亮考中武进士的时间，马炳辉的说法明显地与前述《莱阳县志》的记载不符，而更凸显马亮在科场上的一帆风顺。在另一次讲述中，马炳辉就更加生动地描述了马亮的焦虑，而且突出竹马表演传统与军事阵法的联系，推测马亮把汉中的竹马表演移植到老家莱西双山村，并进行了"军事化"的改编，由此推出一套颇完整的"马亮创编竹马说"：

马氏家族定居双山后，五世单传。怎么样才能人丁兴旺？各种办法都试，马亮就想让马家人丁兴旺。他的一个军师就建议说："马家要想兴旺发达，就必须要腾起来，就得跑起来。俺那个地方有跑竹马的，我看着挺威风，咱能不能仿效他，跑起竹马来，这个马家就一定能兴旺。"那军师是汉中人。现在中国还有不少地方有跑竹马的，但都只是跑，只有小章竹马是一套很完整的竹马戏：有唱词，有阵法，有套路。虽然看起来眼花缭乱的，但实际上都是一些阵法。开创了竹马后，马家就兴旺起来了。②

更难得的是，他把"马亮创编竹马说"的诸多细节都安排得那么合情合理，显得有枝有叶：

马亮不是一下子就当上元帅的，他如果不功成名就，也顾不上编这个竹马。确切地说，他是在 1345 年编的这套竹马戏。马亮功成名就以后有空闲了，就开始琢磨这事了。他 1336 年中的武举，1337 年中的武进士，从 1337 年考上武进士到 1345 年，正好是 8 年。他经过艰苦奋斗能以后才成为了国家栋梁，当上了管军总把、都督大元帅。在这以后，他才能顾上考虑家族这些事。这才有"南征北战竹马戏"这一套。

马亮就是以老祖宗征西南然后回来的经历为背景，把古代兵法的缩影排进竹马表演。这里面有证据，像"远远看见一座城"，"今日汉中

① 马炳辉，男，西小章村人。访谈时间：2003 年 10 月 24 日。
② 马炳辉，男，西小章村人。访谈时间：2003 年 10 月 25 日。

离，明晨到湖广”。再一个就是“令奉丞相将令”，一般都是“听将军将令”“奉元帅将令”。为什么？听说征西南时，担当总指挥的是右丞相伯颜，所以说“令奉丞相将令”。再就是老座马背后打的那个旗，为什么它不叫“帅旗”、不叫“令旗”，就叫个“都督旗”呢？就是因为俺那个老祖宗是被封作管军总把、都督大元帅，他那个官衔里面有个“都督”。这个竹马戏有个名，就叫“南征北战”——我是听俺庄里的马明江说的，他是听他叔马兰溪说的。马兰溪是俺村里的教书先生。[①]

经过马炳辉的不断探索以及与村民的不断磋商，西小章人在本村竹马的起源方面达成了许多共识。获得普遍认同的说法是：元代末年被封作元帅的双山老家五世祖马亮，有感于马氏家族人丁凋敝的现实，遂听从身边军师的建议，将当时流传于汉中地区的竹马移植过来，并把他日常操练士卒、行兵打仗的阵法融合进去，形成了现今小章竹马的表演程式。竹马表演的内容骨架取材于三世祖马合的一段军旅经历，竹马队中“老座马”的角色便是马合的化身。当然，也有不少村民认为“老座马”是为纪念五世祖马亮而设置的，小章竹马表演的是马亮元帅南征北战的一段经历。

但不管怎么说，“马亮创制竹马说”是在西小章村占主流的说法。在西小章村，马炳辉是公认的博学者，他一开口就会滔滔不绝，谁都很难驳倒他。一谈及竹马起源，马炳辉便眉飞色舞。他的多次讲述虽在细节上有一定差异，但总的故事框架还是相近的，他已将“马亮创制竹马说”演绎成一个融会各种知识的精细网络。马炳辉认为：

元朝建立以前，国家还没统一，元想统一南宋，但又一时难以征服，便采取了一个隔离战术，先把南宋包围起来。1252年蒙哥当皇帝时，元朝先将世居云南的大理国消灭。连年战争，山东一带人烟稀少。征战大理时，他们已经开始重视人口，便将保留下来的人口迁送到无人之地。马氏家族的一世祖、二世祖便于此时从云南迁居到莱西双山。30年后，元军平定东南之后，又开始征伐西南缅甸一带。此时，双山马家的三世祖马合被推举当兵，参加了此次征战。最终元朝大获全胜，并将劫掠来的财物、美女运送到元大都，也就是北京，马合自然参与其中。

① 马炳辉，男，西小章村人。访谈时间：2003年10月25日。

小章竹马表演的就是这段历史。①

马炳辉也有想不通的地方，那就是马亮的官职。族谱上记载，马亮被封作管军总把、都督大元帅，这与他在一些历史读物上看到的元代职官名号不同。不过，等他到了莱西市双山村，看到马亮夫妻及其父母的 4 块神牌，就觉得有了实物的铁证了：马亮父亲马源的牌位，正面写有“大元敕赠光禄大夫左右柱国马公字泽深神主”字样，背面写有“始祖父讳源字泽深神主，葬于双山村后山东头去町半里未山丑向，云南巫山卫人”字样；马亮母亲徐氏的牌位，正面写有“大元敕赠夫人徐氏神主”字样，背面写有“始祖母徐氏神主”字样；马亮的牌位，正面写有“大元敕封光禄大夫左右柱国马公字经邦神主”字样，背面写有“二世祖父讳亮字经邦神主，武进士出身历官管军总把督都元帅”字样；马亮妻子的牌位，正面写有“大元敕封夫人孙氏于氏神主”字样，背面写有“二世祖母孙氏于氏神主”字样。此后，他讲述起“马亮神话”更加理直气壮。

莱西市双山村马亮元帅夫妇牌位

令西小章人颇感遗憾的是，马亮终其一生未与本村有过什么联系，西小章村没有任何相关的遗迹、圣物。近年来，他们通过一次次地到莱西双山祭祖、拜年、表演竹马，维持着相互之间的礼仪往来。虽然在莱西双山村同样找不到马家人与军户、武术、竹马之间的任何联系，但有一个“马亮元帅”就

① 马炳辉，男，西小章村人。访谈时间：2003 年 10 月 25 日。

够了。西小章人从关于“马亮元帅”的想象出发，将竹马与军户、武术等编织出一段活生生的家族历史记忆：

原来小章以前也会跑马，不是老头子(马亮)在这儿造的。有人问：“那老家怎么没有竹马呢？你是军户，你没有竹马，那你怎么连武术都失传了呢？”老家那谱，修得比俺还晚好几十年，最早是嘉庆二十四年，俺这是乾隆二十八年修的，他比俺晚了50多年。“文化大革命”以前，双山老家马亮的那套石人、石马都还有。马亮的一个儿子当总兵，保元顺帝上了北国，后来被起义军砍了头了，最后是金头入棺。老家的那个是个小牌位，和俺这个不一样，俺这个是30年代(制作)的。因为打仗打得和老家断了来往了，这才重新做了一个。①

在西小章村，关于竹马起源方面还流传着“马青山移植竹马说”等几种说法，但影响都不大，很容易被忽视。

在西小章村赞成“马青山移植竹马说”的人本来是很多的，只是后来在与马炳辉的争论过程中，大家慢慢地不再坚持，现在成了少数派。比如马镇华本来是赞成这一观点的，因为他是从活了99岁、逝于1958年的马思京那里听说的。“马青山移植竹马说”的主要情节是：

明初洪武二年(1369年)，双山地界土地瘠薄，凹涝薄碱，为了找个好地方，马原和妻子肩挑二子逃荒，从莱西往西走了约100公里地才住脚。那时候西小章村一带土地很肥沃，当时住在这里的是现在东小章村的住家户——那时候东小章村、西小章村还没有分开——属于后来西小章村的只有一家土著居民马青山。那时候时兴同姓联宗，逃荒来的马原一家就跟原居民马青山联宗后定居于此。论起辈分，马原算是马青山的义子。马青山是“御木匠”，每年清明时节要带上在家里做好的秋千到京城去交供，再留在京城做一段时间的木工活才可以回来。竹马就是马青山在明朝永乐年间从北京移植过来的。据说，他同时还从北京拉回来一大车绒线，那本是供京城妇女打秋千时防护磨手用的。②

与此相似的另一种说法是，马青山因为年年去北京，见多识广，脑筋很

① 马炳辉，男，西小章村人。访谈时间：2004年1月8日。
② 马镇华，男，西小章村人。访谈时间：2004年1月8日。

聪明，他发现家里孩子都喜欢玩竹马游戏，拿着个秫秸当马骑着跑，就琢磨着自己做出了竹马。

30年前，在村民中间流传更多的是"马青山移植竹马说"，而不是"马亮创制竹马说"。毕竟老家双山根本就见不到竹马，而且从来没有听说过竹马的事，一个堂堂元帅怎么就跟竹马扯上了联系？村民觉得"马亮创制竹马说"不靠谱。不过，村民显然很容易受到马炳辉"马亮创制竹马说"的感染。特别是十多年前国家实施非物质文化遗产保护制度以来，马炳辉的"马亮创制竹马说"逐渐占了上风。比如马镇华就开始调和"马亮创制竹马说"与"马青山移植竹马说"两种说法，认为在马原迁居西小章村一带之前，双山老家已有竹马流传，小章竹马是从莱西双山继承过来的，只不过马青山对竹马器具做了一些改进，更加结实耐用了。这就已经接近于马炳辉的观点了。

关于小章竹马起源的第三种说法是"逃荒要饭竹马说"：马原到西小章村一带定居后，家中有四子、四媳。后来潍水闹水灾，一家人衣食无着，马原就跟人学了一套竹马小戏，领着儿子、媳妇们外出表演以谋求衣食。灾荒过后，依然通过游走乡里的表演贴补生活，这一传统就传承下来了。现在竹马队中九人九马的人员结构，就是当初马原领着四子、四媳外出表演时留下的规矩。还有村民补充说，以前的妇女都时兴缠足，在场上跑动困难，后来家族中只要有男丁，一般就不让女子上场，这就是现今小章竹马演出中男扮女装习俗的由来。

"逃荒要饭竹马说"不知传自哪朝哪代，但大多数西小章人对此不仅不认同，甚至有很深的忌讳。时至今日，西小章人都将"不请不演"作为竹马表演的戒律，以免被误认为是"要饭的"。这一说法显然无法融入主流的"马亮创制竹马说"，在西小章村已逐渐消失。

西小章村马氏家族选择历史记忆时，为什么要凸显莱西双山这段家族历史，强调自己的军户身份，并以一个关键性的人物马亮元帅将这一切统一起来呢？透过西小章人关于竹马、军户、武术与马亮神话的种种说法，可以看出他们的独特心态。

其一，西小章人倾向于将家族的历史尽量前移，并将竹马、武术活动与先祖的军户身份接上联系。在西小章人的心目中，家族历史越悠久，就意味着其家族文化底蕴越丰厚。如果他们当下表演的竹马、武术活动与先祖的军户身份接上联系，就能为这些活动添加一种无比神圣的色彩。

莱西市双山村马亮元帅神主牌

其二，他们借此将本家族的历史与国家社会政治史联系起来，以凸显本家族的不同凡响。因此，他们不大认同曾经攀附过的西小章村土著马青山，因为他是“匠户”身份，而是另辟蹊径，不惮劳苦地从莱西双山村寻找与竹马、武术、军户有着密切关系的“马亮神话”。

其三，当他们凸显“马亮元帅”，编织“马亮神话”，并使之成为整个马氏家族的标志性人物时，西小章人的竹马和武术表演就与一般的乡艺表演活动区别开来，不仅成为强化家族凝聚力的纽带，也实现了文化意义上的增值。

于是，一个有趣的现象出现了：在历史上真正继承先祖军户身份的莱西双山村马家人，不仅对军户身份失去了记忆，就连与军户有着密切关联的武术也一并忘却，而未能继承先祖军户身份、早已改归匠户的西小章村马家人，却空前重视先祖的军户身份，将武术、竹马视作军户身份的有力证据，以马亮元帅的军户后裔自居并感到非常自豪。

二、正月里来跑竹马

因为竹马活动并不关乎西小章人的日常生计，所以村民的参与也就具有了相当的精神满足成分。在竹马的组织、演出活动中，村民的角色分工虽不是一成不变的，却也相对固定。因此，它就具有了展示村落家族内部秩序、密切

家支关系的作用。小章竹马巡游乡里的活动或为强化跨村落的家族联系，或为密切村落关系，其迎送礼仪充满了乡村社会的脉脉温情。在小章竹马的整个组织活动中，每个人的介入方式和参与程度，也是其社会地位的象征。

(一)宋庄巡演

宋东村、宋西村合称“宋庄村”，与西小章村同属围子镇，相距约3公里。两村的马姓人家都是从西小章村迁徙而来，在他们看来，只要没有天灾人祸之类的特殊原因，每年正月初八，来自老家的小章竹马表演活动就会如期而来，热热闹闹地表演一番。小章竹马老艺人在回想自己平生的第一次演出时，都要先提到宋庄：

> 印象最深的是第一次到宋东去演，我演砸了，俺爹把俺的东西全撂(扔)了。我又不是经常出错，就那一次走错了步子，其实那些看热闹的人也看不出我错了，只是俺爹不让！那时候我才十四五岁，到宋东、宋西，一年一回，拜年嘛。①

在正月初八这天，小章竹马演员约凌晨5点就会来到祠堂化妆，热身。7点多在村口集合，先到宋庄村走街串巷表演一番，11点多返村。无论是在宋东村还是宋西村，小章竹马队伍都会受到很热烈的欢迎，高接远送，鞭炮阵阵，最后送上数百元的“抹胭脂钱”。

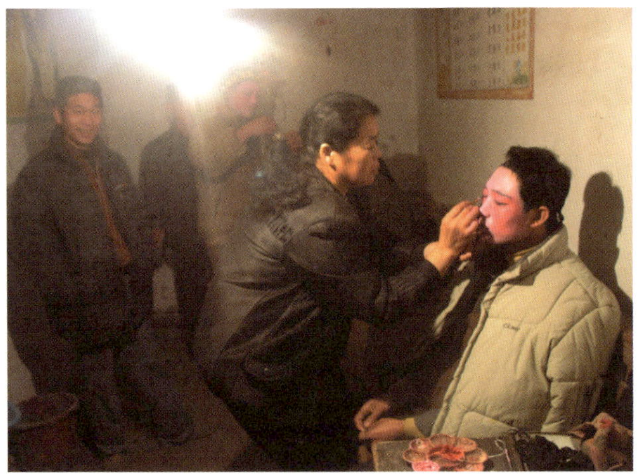

正月初八一大早，小章竹马演员就来马家祠堂化妆

① 马焕章，男，西小章村人。访谈时间：2003年10月25日。

小章竹马队伍在村口集合，整装待发

每年大年初一这天，宋东、宋西的马家人都要早早赶到西小章村，先去马家祠堂磕头祭祖，然后给村内马家长辈拜年。一周后的正月初八上午，小章竹马前来演出，其实是年节的回拜。两支马家人以此保持着礼尚往来的常规性联系，把年节过得热热闹闹，这让周边村民十分羡慕。

小章竹马在宋庄表演，受到村民欢迎

(二)本村演出

小章竹马队伍从宋庄返回后，大家先各自回家吃午餐，稍作休息，养精蓄锐。西小章人都知道，最精彩的竹马表演在正月初八这天下午，这是面对本村老少爷们的时候，每个人都会卖力表演。熟知内情的村民会早早来到西小章村村委会大院，占好位置。

下午2:30左右，马家祠堂响起“噼里啪啦”的鞭炮声，竹马队从祠堂大门依次出场，在前呼后拥中作串街表演，最后行进到西小章村村委会大院，在三通定场锣鼓后开始表演。此时，大批村民从村委会大院的正门、边门涌入，挤来挤去，好不热闹。村委会二层楼的阳台上，早就挤满了五六十人，靠一道铁栏杆护着，显得有点惊险，但他们看上去很高兴——既为占到这么好的观看位置，又为能够吸引众人的注意。连村委会大院外面的一座平房上也站上了人，甚至有更勇敢的小伙子，竟然爬到村委会办公楼二楼的顶层上，坐在边沿上荡悠着两腿观看表演。

小章竹马在西小章村村委会大院表演

小章竹马的表演程序包括：(1)先是由武术队员在西小章村村委会大院场地的中心，以抛接大刀、长枪、马叉的方式“打场子”。(2)竹马队9马11人登场亮相，在锣鼓乐队的伴奏下绕场数圈，俗称“走场子”。男马、女马、老座马次第圈马停下，自报家门。老座马交代情节，吩咐众人打马启程，竹马表演宣告开始。(3)武术队员上场表演拳术单练、对打和兵器单练、对练，竹马队围绕场边慢行，锣鼓声降低。(4)突然间锣鼓声大作，武术队退下，竹马队由场边进入场地中央，重新表演。

小章竹马年年演，本村村民都爱看

小章竹马的整个表演过程，没有插科打诨的逗乐，只是一伙男女神色庄严地不停地绕圈穿花，寓示跋山涉水。小章竹马在本村人面前表演得特别起劲，因为大家很清楚，每个人表演的好坏，都有可能成为村民在随后一年里的谈资。

(三)远赴双山的演出

西小章村人与莱西双山老家人的关系很密切。在西小章人的记忆中，始迁祖马原是在明初洪武二年(1369年)迁出莱西双山，最终在西小章村这一带定居，由此开始了新的创业。不过，他当初离家迁徙，从双山到西小章村的路上，却是一副担子挑着两个孩子与全部家当的逃荒者形象。如今的双山村，张姓和马姓的人口居多，而以张家更为兴盛。作为马原后代的西小章人回到老家双山，多少是带着一些“衣锦还乡”的自豪感。一番精彩的竹马表演，一场丰盛的午宴，西小章人在其乐融融的大团圆氛围中尽兴而归。

2014 年正月初九，小章竹马前往莱西市双山村表演

（四）应邀商演

小章竹马一直有不演“过路戏”、不挣“过路钱”的传统，借此与以卖艺为生的江湖班子相区别。想邀请小章竹马年后演出，需要在年前预约。20 世纪 80 年代中期，潍坊地区多有政府组织的民间艺术汇演活动，如潍坊国际风筝节等，小章竹马开始应邀外演，获得一定报酬。后来，当地企业开始邀请小章竹马在年节期间前往表演，慢慢地就形成了一些规矩。一般都是对方早来约定，双方商量好大致的时间、地点与演出费。

当地企业一般都在正月初六或初八开业，那时年节里走亲戚的活动刚刚结束，人们一时还提不起精神来上班。一些企业领导就想请小章竹马来表演一番，既是为即将开始的一年壮壮声威，也是为了庆祝开业。村民马炳廷介绍道：

> 一般情况，就演一天。外头来邀请的话，也可能多演几天。哪里叫就到哪里去，厂子多少给两个钱，图的是热闹，过年嘛！去年才开始弄的秧歌，今年初一跑的。外头不让过春节放鞭炮，它就没意思了，不热闹。开业的最早在初六，说是开业但也没有去干活的，只是看好了日子——开业！多是打扫打扫卫生、拾掇拾掇什么的，干不了什么事。只

要有谁一说“小章竹马挺好,叫小章竹马来”,那就来叫咱。人家就说了:“初六到俺那里去耍耍。”联系好了,演出完,也说不定给点钱,或者500(元),或者1000(元)。小章竹马不为挣钱,宋庄什么不给咱也去,就是给钱也不多要。①

不过,对于这类商业性外出演出活动,村民的看法也不尽相同。

竹马的事不是为纪念老一辈的?现在这些跑的,就光为出去挣钱。去潍坊十几个人,一人一天40块钱,去40个人也不够呀,那么多枪刀剑戟的!以前我们那时候不挣钱,家里都种着地,为了个名不惜力,比现在跑得好。②

西小章人应邀到县政府、镇政府表演竹马的机会并不多,但给村民留下的印象非常深刻:

1980年在东南王地——现在那里盖了体育场了——参加昌邑的汇演,是县政府组织的。当时县长、书记亲自安排和接待,政府还给了好几千块钱。钱都用于自己(队伍)的建设,比如演员吃饭、服装、武器、更新竹马,等等。③

那次县长、县委书记都亲自接见。不仅出来接见,还拿着烟给我们。④

原先的镇领导很支持咱们的竹马。他后来担任昌邑市商业局长,春节邀请我们去演出,男女老少都快快乐乐地去了。⑤

小章竹马的外出商演,其实在20世纪50年代以前就有。马焕章回忆20世纪三四十年代的竹马外演情况,充满自豪感:

那时候来请的地方,有石埠、昌邑,咱没有马车就背着家伙去。走在路上就开始表演。不像现在这样,跑一会儿就算完事了。⑥

据西小章村老一代村民记忆,以前小章竹马到外地演出,与当地人打架的情形屡有发生。大多时候,作为外乡人的西小章村民能够全身而退就已

① 马炳廷,男,西小章村人。访谈时间:2005年2月15日。
② 马××,男,西小章村人。访谈时间:2003年10月25日。
③ 马兴握,男,西小章村人。访谈时间:2005年2月15日。
④ 马镇华,男,西小章村人。访谈时间:2005年2月14日。
⑤ 马炳盛,男,西小章村人。访谈时间:2005年2月14日。
⑥ 马焕章,男,西小章村人。访谈时间:2003年10月25日。

经万幸。据马镇华说，小章竹马在1991年阴历七月十四日与十九日到昌邑县城表演，与当地人发生冲突，竹马器具几乎全被砸毁，幸亏马克续领人及时修好了。马克续为此得了一场病，但仍然坚持参加跑竹马。马焕章谈及20世纪90年代到昌邑县城演出时发生的这次打斗事件，至今仍心有余悸：

跟人家一打，人家亮出鞭子，“啪啪”一抽，这边只能使就地十八滚，啥招式也使不出来。天外有天！实际上对方是邪道，当时也还不说邪道不邪道的。

你不能光想着你这拳好使，别人的拳不好使，一样的你这拳“蜷起来伸不开了”①。学拳容易，学好难。②

小章竹马在外演时与当地人频繁起冲突，原因是多方面的。村民争强好胜的强悍性格，是原因之一。按照西小章人的说法，早先时候，“竹马一出去就容易打架，以前头刀开道，不兴躲道”。这就很容易与各村出来表演的练武人员打起来。马炳辉的一番话代表了西小章人的普遍心态：

小章是好惹的吗？晚清民国的时候经常打仗。1937年前，各村都有练武的。练武的碰上谁也不躲道，几乎回回打，都打出威风来了，一说小章没有不知道的。有个俗语说：“小章马，金台李，晴埠王，没人敢惹得。”③

西小章人对外出打架之类的事情不仅不避讳，还对本村“能打架”而感到自豪。不过，1982年小章竹马到昌邑县体育场跑竹马时，又发生一场冲突，场面惊心动魄，最后连县公安局也惊动了。马镇华对那次事件的记忆是“打得很凶”。他为此感到很生气，发誓不再到那里表演，此后多年西小章人果然没再到昌邑县城跑竹马。从那以后，小章竹马到外地演出前，一般都要仔细打听好对方的底细。决定外演后，再就演出时间、演出线路的选择、双方的联系方式等问题，作进一步的商定。若是出了昌邑市到外地演出，还要考虑到演出的成本、收益与表演队伍的时间安排，这往往不容易安排好。

前些年，那些慕名而来邀请小章竹马前去演出的个人或团体，一般都是

---

① 当地俗语，讽刺好卖弄本事的习武者，每每为人所制却无从施展，陷入任人摆布的尴尬境地。

② 马焕章，男，西小章村人。访谈时间：2003年10月25日。

③ 马炳辉，男，西小章村人。访谈时间：2005年2月8日。

跟马镇华联系。马镇华虽然辈分低，但是会写毛笔字、看风水，还能操持红白公事等，在家族中很有威信。最关键的是，他有一副热心肠，喜欢在这些事上出头。在很多时候，马镇华就成了小章竹马对外演出的“经纪”，直到2016年他年近八旬后主动卸任。

三、竹马戏

西小章村的竹马表演，是由11人组成、以9匹竹马为道具的一支舞蹈表演队伍，再加上武术队的表演。单纯的竹马队有11人，分演11个角色，大致分为三组：老座马、都督旗、马牌子为一组；4匹男马为一组，包括男头马、男二马、男三马和男四马；4匹女马为一组，包括女头马、女二马、女三马和女四马。在以走阵为主的舞蹈表演中，有三种角色组合：老座马与马牌子；男马与女马；老座马、马牌子、都督旗与众男马、女马。

（一）表演程式

每年正月初八清晨，小章竹马队伍都会从西小章村马家祠堂里庄重出场。竹马队按先男后女的次序出场，男马是2匹黑马（俗称“乌豹”）、2匹黄骠马，女马则是清一色的红马。随后，象征着整个竹马队权威的老座马出现了，他骑着黄骠马，前有马牌子带路，后有都督旗擎旗护拥，走起来一副四平八稳的派头。马牌子头戴金黄头巾，一身黑色短靠，一条宽宽的红腰带扎束得紧衬利落。

在定场演出中，先是4匹男马陆续上场，重复着几乎同样的动作：绕圈，勒马，驻马。借这机会，观演者可以看清楚4匹男马略有不同的扎束：先出场的男头马是黑衣军士，骑黄骠马，马背以青色丝绦系黑色马鞍，马身下裹明黄色裙幔；紧随上场的男二马仍是黑衣军士骑黄骠马，只是马背上换成了以红色丝绦系青色马鞍，马身下裹淡粉色裙幔；紧跟上场的男三马是黑衣军士，胯下乌豹（黑色战马），马背上以白色丝绦系青色马鞍，马身下裹绿色裙幔；男四马仍是黑衣军士，胯下乌豹，马背上以白色丝绦系黑色马鞍，马身下裹青色裙幔。随后上场的老座马，一身明黄色战袍，骑一匹黄骠马，马背上以红色丝绦系明黄色马鞍，马鞍上绣有金色的“卍”字图，马身下裹红色裙

幔。4 匹女马次第上场，女头马穿一套粉底红花衣裙，骑一匹红马，马背上以黄色丝绦系粉色马鞍；女二马着青衣，骑枣红马，仍是粉色马鞍；女三马着浅绿衣，骑枣红马，浅蓝色马鞍；女四马着红色衣裙，骑红马，蓝色马鞍。4 匹女马的马身下面，都裹着绘有明黄色图案的红色裙幔。

一阵鞭炮声过后，小章竹马从马家祠堂出场

马牌子引领老座马出场，是小章竹马表演的重头戏

小章竹马乐队演奏中

小章竹马表演队伍多时可以达到100多人，一般七八十人，最少也得三四十人。其排列阵势为：前有一人扛着“马”字大旗引路，紧跟着是24名身穿青色武士衣、背后带有“兵”或“勇”字、手持各种刀枪马叉的武术队员，随后是由七八个人组成的锣鼓队伍；接着就是由9匹竹马、11个演员组成的马队，其中马牌子手持马鞭，都督旗擎着“龙”字大旗，他俩不骑竹马，是专门为老座马牵马打旗的随从。行进时，1匹竹马配有2名手持腊杆子的护马队员，以防拥挤的人群挤破竹马。

小章竹马的一套完整演出，集小戏、舞蹈、武术、杂耍于一体，其表演有一套固定不变的程式，寓含着元帅得胜回朝的情节。主要表演内容包括：(1)出马；(2)对白；(3)舞蹈；(4)演唱；(5)武术打斗；(6)再舞蹈表演；(7)再演唱；(8)再武术打斗。对于演员的上场次数与表演时间长短，并无严格要求，只有大致程式。

当竹马队伍进入表演场地之后，锣鼓队紧敲一阵“急急风”，变“四击头”，煞住。

4匹男马依次上场，绕场半圈后站定，各念一句引子：

男头马：朝暮受风霜，

男二马：离家弃爷娘。

男三马：今日汉中驿，

男四马：明晨到湖广。

然后各报姓名：

男头马：俺“白四夫宰”是也！

男二马：俺“挂冷”是也！

男三马：俺“散齿包”是也！

男四马：俺“铁里木”是也！

四马同时转向老座马，同声喊道：

长官不久启程，在此候请。

这时老座马闻听，驱马上场，亮相，念定场诗：

腰悬宝剑放光毫，

座下走阵马黄膘。

到处沿城声名到，

万马营中逞英豪！

（白）俺阿尔不匝匝是也。今奉丞相将令，押送一百二十余名美女，前往湖广之地，看今日天气晴和，正好赶路。马夫——

马牌子：有！（上前给老座马行抱拳礼）

老座马：有请众家美女动身！

马牌子：是（转身对众女马）！有请众家美女！

众女马：来了！

这时马牌子挥动马鞭，引女头马上场。女头马绕场半圈，然后站到男头马对面，众女马紧跟。

女头马：出闺离家乡，

女二马：端端整衣装。

女三马：同奔红尘路，

女四马：不知到何方？

这时女头马上前给老座马道万福：

长官万福，俺们不知作下何罪，将俺抛在穷途，怎不愁煞人也！（作哭状）

老座马：你们罢了，命该如此！不必悲伤！马夫——

马牌子：有！

老座马：就此带路！

马牌子：是！

然后，马牌子挥动马鞭，引众男马、女马开始串花跑场。

舞队主要表演如下阵形："四门斗""五花""梅花瓣"，即老座马、马牌子、都督旗3人在中间跑小圆圈，4对马分别绕老座马一周跑四个角，呈"梅花瓣"状；"十字梅"，即男马、女马对着头走斜角十字花；"双沟"，即男马、女马对着走斜十字，到中间围着老座马转一圈，然后男马一边，女马一边，再返回来；"二龙戏珠"，即男马、女马各跑两边的剪子股，老座马、马牌子和都督旗跑中间的剪子股；"别杖子"，即男马、女马插花排成一行，跑四边形，男头马领着往回串，隔一个串一个；"龙掉尾"，即男马、女马各排成一队，分列两侧，马牌子领着老座马从中间穿过来，来到都督旗面前停住，勒住马，煞住锣鼓家什。

老座马：前哨官，前边为何勒马不走？

男头马、男二马齐答：俺们不知，待俺看来！

2匹马绕场子跑一圈，回来禀报：

启禀长官，前面至凤云山下。

老座马：呵！凤云山上甚是清秀，大家趁此清明之日，观看山景，速走一回！

锣鼓声再次响起，男马、女马跑一个圆圈。锣鼓声煞住，男马中嗓音好的来到中间，唱"啷当调"《观山》：

长官命俺观山景，只得勒马慢慢行。

山空虎啸惊人胆，枯树蛇盘野鸟鸣。

斗宫下面朝阳殿，钟楼檐下悬风铃。

蜂蝶采花争双蕊，桃杏花开满山红。

唱过以后，竹马队在一边休息，武术队开始表演。表演结束后锣鼓声再起，竹马队再按上述程式表演一阵，煞住锣鼓。

老座马：前哨官，前面又为何勒马不走？

男头马：前边有大江阻隔，无法前进。

老座马：速速寻找渡船，吩咐众家美女小心过江！

男头马：是！速游一回！

锣鼓起，众马跑一圈，停住。老座马唱“乱弹调”《过江》：

吩咐马伕带能行，大家登舟起了程。

人马飘飘水上走，烟波浩渺似镜明。

老翁钓鱼江边站，小舟往来水中行。

滚滚江水归大海，离家百日归古城。

翻身下马门前站，叫声娘子开门庭。

然后又是武术队上场表演，直到尽兴为止。

武术队员轮番上场表演

(二)竹马角色

在西小章人的心目中，竹马队里最受欢迎的角色非马牌子莫属。马牌子翻着跟头上场，扮相俊俏，动作利落，往往一亮相就成为场上引人注目的中心。在竹马队做走阵表演时，观众的目光总是不由自主地跟随着他。后来，武术队的表演开始，马牌子依然是焦点人物。在两段武术表演的间歇，总是由马牌子上场来掌握节奏——每当他做一个很有精气神的亮相招式，演武者便退下。有时，他还会跳到场子中央，与人对练梢子棍，表演很是精彩。在场上演练兵器的武术队员，练完后将兵器顺势搁在场上，不会自己带走，一会儿自会有人取走，据说这是老规矩。

小章竹马表演中，马牌子很惹人注目

西小章人对马牌子这一角色的一致评价是“俏皮”。“俏皮”，不仅是说他要有一身好武功，动作表演上必须干脆利索，还要有一副人见人爱的好相貌，舞台效果好。具体而言，马牌子主要承担四个方面的表演任务：(1)自由自在的舞者。虽说他在一开场时要听命于老座马，但那仅仅是一两分钟的时间而已。在随即进行的跑阵表演中，整个舞队中唯有他轻装上阵，轻盈潇洒地回旋在“千军万马”之中。(2)整个竹马队的实际指挥者。舞队什么时候变换阵形、变换什么阵形，武术队什么时候上场、什么时候退场，全要看他的手势行事，伴奏乐队也要注意根据他的手势及时变换曲调。(3)武术表演场面的调度者。在武术队上场表演时，他以招牌式的亮相动作——两掌左右平推，同时大喝一声——指挥武术表演者的上场与退场。(4)精彩的武术表演者。他不仅操控整个武术表演活动，自己也上场展示武功，而这往往将整个表演活动推向高潮。纵观小章竹马的整个演出过程，马牌子是当之无愧的舞台主角，地地道道的民间英雄：

马牌子是整个竹马队的指挥。要跑什么阵势，要换什么花，他就围着说一番。马牌子是个传信的，随便跑，愿上哪儿就上哪儿，人家正转他倒转。

男马、女马倒着转，马牌子正着走，方向不一样。锣鼓一响，马牌子和男头马一交错，说要跑什么(阵势)，然后再和女头马说跑什么。等马

牌子马鞭子一举，后面的一起变(动作)。这一点旁人看不出来。乐队一看动作变了，节奏点儿也就跟着变了，乐队看的是头马，他们这些弄乐器的都懂。马牌子要变动作时也不用跟老座马商量，马牌子的权力很大。

就是竹马里头有失误，一般人也看不出来。总之，全是马牌子说了算。看情况差不多了，就招呼武术队上场，让跑马的歇歇。①

老座马最威风，马牌子权力最大。要变阵势时，马牌子过去一商量，男、女头马把马鞭子一举，后面的就都跟着变。马牌子本来是传令的，替老座马传令。但时间长了，老座马穿着一身行头，还累得不行，干脆就让马牌子看着办吧。②

老座马给人留下的印象，既威武庄严、忠于职守，也有点疲于奔命，毕竟要拖着一身行头，气喘吁吁地穿行于舞队之中。老座马是有名字的，叫“阿尔不匝匝”。西小章人对于老座马有两种解释：其一，作为一个带队的元帅，虽然权力很大，但很有人情味，对押解的女战俘充满同情与关切；其二，因“奉丞相将令”而身不由己，一路辛苦。紧随老座马其后的都督旗，则一身富贵金黄，红腰带束身，是老座马威权的象征。

都督旗执掌龙旗

① 马镇华，男，西小章村人。访谈时间：2005年2月8日。
② 马炳辉，男，西小章村人。访谈时间：2005年2月8日。

在小章竹马演出中，有两组人物关系值得注意：马牌子与老座马，男马与女马。两组人物都有一个共同特点，似乎都遵循着一种不可违抗的命令，不停地奔波行进，身不由己。老座马虽为领军统帅，掌握着演出中其他人物的命运，但他也要“奉丞相将令”；都督旗与马牌子要跟随老座马，时时刻刻不离左右；众男马控制着众女马的自由，但他们要一丝不苟地执行由马牌子传达的老座马的命令；在整出戏中，身份最为低微的众女马，就只有任人支配的命运了，整场都沉浸于悲悲切切的伤感之中。剧中的一句台词说出了她们的共同宿命：“同奔红尘路，不知到何方。”于是，整个竹马队伍不停地行进、登山、渡江……直到武术队员登场表演。在小章竹马表演中，两组人物的设置意味深长。

小章竹马表演中的马牌子，在现实生活中应是一个伺候主人（还要伺候马）的小人物角色，看主人眼色行事，生活在主人的光环之下，而老座马则是权柄在手、叱咤风云、一呼百应的重要人物。然而，在竹马表演活动中，老座马是个身拖厚重行头、庄重前行的老者形象，马牌子则轻灵俏皮，武艺高强，是最引人注目，最受喜爱的英俊小生的形象，同时他对整场表演活动具有实际控制权。

老座马

马牌子

在20世纪40年代，马焕章出演马牌子的时候刚满20岁，扮相英俊，武艺高强，动作潇洒飘逸，所到之处大受欢迎，成为当时男女老少最喜爱的竹马演员。现在，西小章人还常常以马焕章为例，有“马牌子跑得好，能顶半个马队”的说法，据说这跟他惊人的弹跳力有关：

> 我这个马牌子，十里二十里的都知道，那时我也俏皮，跳得就是高。原地能跳这么高(他比划胸口)，还带拍脚的。后来看着人家斜着身子跳高，我说：“哎呀！还用那么难？”人家说：“看着难？你跳跳试试！你能跳过去？”好！我就跳了过去，掉到那边沙坑里去了。“呦，你还真行啊！”什么行不行，我也不知道怎么过去的。①

据村里人说，当时附近中学里的体育老师看中了他，想把他送到县体育代表队，但发现马焕章虽然很有运动天赋，但跳高动作很不规范，而且已经基本定型，只好放弃了。

当地有一个很特殊的习俗，在正月里的社区文艺活动演出期间，女孩们可以用自织手绢向中意的男青年示爱。每当小章竹马表演时，就有女孩一边观看表演，一边瞅机会将有自己特殊标记的手绢偷偷地塞给马焕章。一场表演下来，马焕章最多曾收到过70多块手绢。按照当地婚俗，男方要向女

① 马焕章，男，西小章村人。访谈时间：2003年10月25日。

家输出不少彩礼，马焕章却在结婚时省去了不少彩礼花销，因为“当初他马牌子跑得好，媳妇就跟他了，他就是跑马牌子跑来的媳妇”①。

女马

在西小章人心目中，男马、女马代表了芸芸众生，也象征着一种富有生机、讲究秩序的日常生活。在村民看来，男马、女马之间穿插欢闹的表演仪式，与马家子孙繁衍众多的事实，有着不容置疑的因果关系。9匹马的设置，正对应了天地之间最大的阳数。“马”字大旗象征着马氏家族的集体意志，都督旗则警示着一种必须遵从的秩序。在西小章人的传说中，当初军师向马亮元帅献计，就寓含着借助男马、女马穿插表演以实现祈子意愿的逻辑在内。然而，在我国长期推行“计划生育”基本国策的背景下，祈子功能在今天已无实际意义。西小章村在1987～2005年近20年间，人口仅有微量增长。对当今西小章人而言，男马与女马的穿插表演所隐含的祈子意象，与小章竹马结束前的祝福语“祝马氏子孙在未来一年万事如意、马到成功”一样，仅具有传统的吉祥意义了。

① 黄正鹏，男，王珂村人。访谈时间：2003年10月26日。

男马

四、竹马管理

（一）竹马的扎制和存放

竹马器具存放于马家祠堂这一全村最神圣的地方。祠堂的主体部分是五间正房，正中三间则是过年时祭祖拜影的地方。最东边一间是跑马时的化妆室，过年跑马时演员们就在这里面化妆。最西边一间被当作贮藏室使用，里面放着跑竹马用的各种舞具、刀枪。

无论是西小章村，还是附近别的村子都流传着这样一句话："小章一年不跑马，一年不旺相。"然而，在一些特殊的年份，人的日常生计都成了问题，竹马也就无暇顾及。据说，在 1911 年的夏天，一集（五天）之内连发两场大水，那一带变成汪洋泽国，西小章人向来视为村中至宝的竹马也被泡坏了，竹马活动由此中断近 20 年。直到 1928 年，村里经济状况有了好转，村民从宋庄请来姓郝的弟兄二人将竹马重新扎制起来，又开始表演活动。这套竹马一直用到 1966 年。当时，举国上下掀起"破四旧"的高潮，在外地来串联的红卫兵和本村红卫兵组织的共同监督之下，这套竹马被当众焚毁，成为西小章村革命力量与旧文化彻底决裂的象征。1977 年，在村党支部书记马龙潜的主持下，村里重新扎起竹马，恢复了跑竹马的活动。不过，新扎的竹马既不美观，又不结实，于是在 1986 年烧毁重扎。在西小章人的记忆中，此时正是村办企业最红火的时候，全村人对此事极为关注，纷纷参与，使得这次竹马扎制活动成为全村的公事。此事由已经退休的老书记马龙潜牵头，地点选在现在村委大院南邻的一个大房子里，当时几乎是全村人都来助阵：愿意动手的就上去搭把手，喜欢当参谋的就在一边七嘴八舌地发议论。大家都没有经验，但都觉得这是村里的一件大事，马虎不得，反正时间有的是，拼插竹马用的小竹竿、藤条等材料也有的是。经过不断的试验、拆装，最终全村人用了 3 天时间扎成了一套竹马，这套竹马除了中间曾有过一点小修小补之外一直沿用下来，直到 2016 年表演队才又添购了一套新的。

对于全村人费了九牛二虎之力才扎制成功的这套竹马，西小章人还是觉得不如以前扎的样子好，但又说不出具体理由。村民对此甚感困惑：

> 原先制作的老马好，可惜没保留下来。那时扎的马嘴长、大、胖。现在扎了两遍也扎不出原先那样子。原先那一套不知用了几辈子了，也不坏。主要用藤条、毛头纸、桐油。先用藤条扎好马架，一层纸一层油多层扎好，最后上色。最后这一套是 1986 年在大队南院扎成的，男女老少一起研究了好几天。①

村民回忆说，1977 年的竹马是按照真马样子扎起来的，摆在那里时感觉还算不错，一旦穿戴在身就显得呆板僵硬，缺乏生气。以前的老式竹马则明显不合乎真马的比例，马的头部、颈部显得过于夸张，看上去都拙朴可爱，村民穿戴这套竹马跑动起来，真是神采飞扬，活灵活现，“比起真马就差一口活气”。村民评价说，1986 年重新扎制的这套竹马，其表演效果则介乎上述二者之间。1996 年，他们将这套竹马器具加以翻新，并添购了一批表演服饰及零星物件。为此，他们在祠堂里挥毫泼墨留念。在祠堂东间的西墙上，画有一幅竹马图，在画面的左上角配了一首题画诗。从落款来看，这是马泮林的手笔，表达了对竹马活动的喜爱与自豪之情，诗句如下：

① 马炳盛，男，西小章村人。访谈时间：2003 年 10 月 24 日。

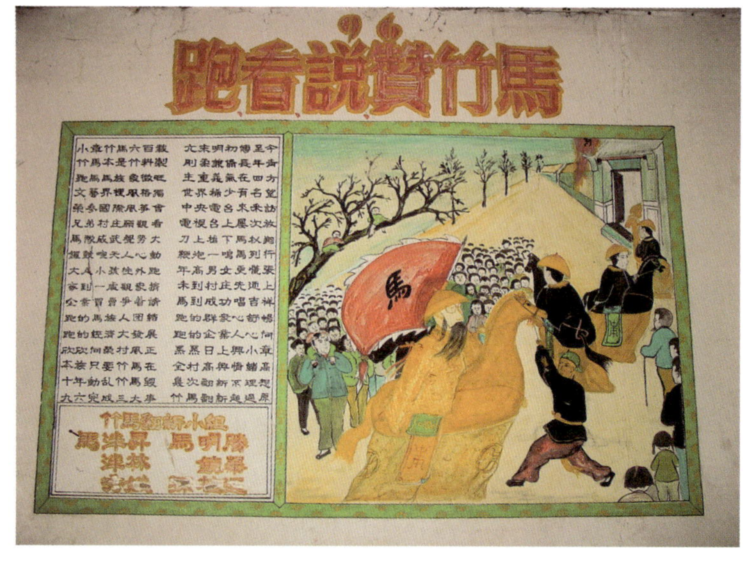

西小章村马家祠堂中的竹马图

跑看说赞竹马

小章竹马六百载，元末明初传至今。
竹马本是竹料制，刚柔兼备长年青。
跑马马族象征旺，主（注）重义气在四方。
文艺界里风格独，世界稀少有名望。
荣参国际风筝会，中央电台来采访。
兄弟村庄愿观看，电视台上屡播放。
马队威武声势大，刀上枪下马叉翔。
锣鼓喧天人心动，鞭炮一鸣马列行。
大人小孩往外跑，年高男女更慌张。
每到一处观众挤，未到村庄先迎上。
企业买卖争着请，马到成功唱吉祥。
跑的（得）马族人团结，跑的（得）群众心欢畅。
跑的（得）经济大发展，跑的（得）企业人心向。
欣欣向荣人心正，蒸蒸日上兴小章。
本族只要竹马在，全村高兴情绪高。

十年动乱竹马毁，几次翻新不理想。

九六完成三件事，竹马翻新超过原[来]。[①]

（二）整修器具

每年的正月初七下午，是西小章人在祠堂整修竹马器具的时间。祠堂内外，在年前祭祖时就已被打扫得干干净净。几个村民都是义务前来，一边聊天，一边把祠堂正屋里的炉火点旺，等屋里略有暖和气，就可以开始工作了。

从狭小的祠堂西间，距离顶棚1米左右之处，村民用6根碗口粗的檩木搭了一个隔层，竹马器具平时就存放于此。2004年正月初七下午，马镇华和马炳顺踩着一架木梯子，把竹马一个个小心翼翼地取下，放在两张长条桌上。几天前还被用来搭建祭祖香案的两张长条桌，现在就成了一架放置竹马的临时台面。这样，在祠堂的堂屋里，从东到西依次排开9匹竹马，分别是枣红马、黄骠马、枣红马、黑豹、黄骠马、黑豹、枣红马、紫骝马和胭脂马，整间祠堂立刻显得很有气势。

检修竹马，是这天下午最主要的任务。检修者用一柄小刷子清扫竹马上的积尘，同时检查竹马的各个部件是否松动，想办法把它弄牢靠些，以免第二天场上表演时发生意外。忽然间，正在检修竹马的马镇华、马德厅、孙桂莲发现了一个意想不到的小麻烦——有几匹马的马眼容易掉到里面的马身里。但这难不住马镇华，他从村里的百货商店买来透明胶带，用胶带粘牢马眼，开玩笑说给马“戴上了眼镜”。“马眼”实际上是一个与台球差不多大小的圆球，粘起来非常不容易，他们的办法是用胶带绕过两眼之间同时将马的双眼粘牢，两匹黄骠马顿时变成了“玻璃花”。

竹马器具整理完毕，马镇华开始指挥着把武术器械从祠堂西间搬到正屋的西墙根、南墙根，一件件按照高低顺序靠墙而立。搬运的同时还要清点数量。小章竹马表演队中现有武术器械20多件，据说在20世纪60年代时曾有100余件。几个男孩子立刻围拢上来，各自找寻所喜爱的家伙，如获至宝地抚摸着，跃跃欲试。他们耍刀弄枪，东窜西蹦，显然有点碍事，但大人们谁都没有呵斥，好像对此习以为常。这期间发生了一个小插曲：一个高个头

① 笔者对该诗中个别不雅驯之处作了修改。

的小伙子对一柄单刀喜爱之极，嫌在祠堂里玩不过瘾，趁大家都忙忙活活不注意的工夫，将刀带出祠堂。马德厅急火火地跑出去，很快又索要回去。

西小章人对这套祖传兵器有着特殊情感，几乎视为镇村之宝。其中有好几样兵器，村里老人都能说得出来历，如被称作“头刀”的一把雁翎刀和另一把腰刀曾经“杀过人，见过血”。即使在“文化大革命”期间，土法上马“大炼钢铁”的口号喊得震耳欲聋，村里几乎把所有的铁器都已经贡献出来，但唯有这套兵器被留存下来。每当谈及这一话题，村民都对当时的两个人交口称赞：一个是在“文化大革命”期间暗藏老影的马德藻，一个就是暗藏这套兵器的马德璋。马德藻那时候是村里的头面人物，马德璋则是竹马队中的武术负责人，村民认为他俩尽到了本分。

整理男马、女马妆饰用的头饰、头花、官帽及系带等细碎物件，是一项比较麻烦的工作，需要特别细心。马镇华领着两位中年妇女，先把一箱箱男马女马用的头花从西间搬到东间，在桌子上摆好，然后一样一样分门别类整理清楚。这些东西已在箱子里放了整整一年，有的互相交缠在一起，分开时必须小心翼翼，以免损伤。其中，女马所用物件要更复杂一些，如戴花、勒头、粉盒、粉碟等。

演出服装与竹马队旗的整理就简单多了。在一个长 120 厘米、宽 60 厘米、高 80 厘米的木质箱柜里，存放着都督旗、“马”字大旗和竹马演员所用的各色袍褂、战裙共 9 套，另有 9 根鞭杆。长度有五六米的两根旗杆被搁置在堂屋的檩棒之间。马炳顺和一个高个子青年用一杆扎枪将旗杆一点一点地蹭了下来，几个人帮着先把“马”字大旗套上，再用细白线绳将三角旗在旗杆顶端拴牢。少顷，又开始整理一面红色龙旗，这是竹马表演中所用的都督旗。龙旗用的是双面绣，做工非常精细。据马镇华介绍，这面旗是在清朝乾隆十二年(1747 年)制作的，更早的一面龙旗在“文化大革命”期间烧掉了。据村民回忆说，原先竹马表演的气势比起现在还要大得多，其中原因之一就是从前用的是五色旗，即红、黄、蓝、白、黑五色。后来有的用旧了，有的丢失了，就只剩下这面红色都督旗。若是离了都督旗，竹马就跑不成了。

在整个过程中，有一位中年妇女一直在默不作声地缝补马衣，钉牢竹马器具上面联挂马衣的结扣。她的名字叫孙桂莲，是嫁到西小章村来的媳妇，义务缝补竹马已经有十几年了，而且打算一直干下去。

第七章
村里的人 村里的事

一、祖 碑

西小章村马氏家族的公墓一直在村西南角，坐落在潍河东岸，有七八十亩地。1912 年潍河决口，泥沙上泛，积成沙埠，一座座老坟茔都被覆盖。人们只能看到一座隆起的坟茔，还有仅在地面露出半圆形碑顶的一通石碑。近前看，碑额、碑身都有雕花，露出的小半截碑上，阴刻着一个大大的“马”字。在西小章人心目中，这通碑非比寻常，俗称“祖碑”。

直到 2011 年 10 月，西小章人举行祖茔重修仪式，祖碑才出土。该碑为清朝同治十二年(1873 年)十二月所立，高约 2 米，宽约 0.5 米，碑文有 296 个字，正面刻有“马氏祖墓”4 个大字，墓主是西小章村马家人的始迁祖马原。碑额雕有祥云纹饰以及双龙戏珠图案，左右两边呈对称分布，体现出一种朴实庄重之美。

出土前的马氏祖墓碑

碑阳除刻有碑名、立碑时间外，还有如下警示文字：

伤损碑石罚钱三千，伤损树木罚钱两千。合族仝立。

碑阴则记叙西小章村马氏家族支脉源流，以及诸多先祖葬处，文字较多：

始祖讳原，明初人，本居莱阳双山，洪武年间迁于昌邑小章。诞生四子，长讳维，次讳全，三讳宣，四讳正，分为四支。厥后族姓蕃衍，由此而转徙他乡者又非一处，恐世远年淹，致昧木本水源之义，爰勒石于墓碑，后世咸知某祖居何方，某祖葬何地，以至永怀不忘云。

十六世孙同年敬撰并书

长支五世祖讳成，葬南茔，有碑记。纲之后迁居宋庄，葬宋庄西。十世祖玉薦迁居宋庄，葬宋庄。五和迁居张里。

次支七世祖讳东淄，葬此茔东南。八世祖尚质，葬此茔西北，有碑记。尚允葬尚质茔西南。尚化子迁居太安，葬果园西南，东西道北。尚举祖居宋庄，葬宋庄西北。

三支祖讳宣之后迁附此茔东边。

四支祖讳爽，迁居宋庄。平生自宋庄迁居坡东，回葬宋庄。十一世祖自松、自和俱葬林东。

西小章村是主姓家族村，祖碑是村落历史记忆的载体，也是村民寄托神圣情感、培塑家族精神的象征。据《马氏族谱》记载，墓主马原曾在明初洪武二年(1369年)由莱西双山肩挑二子，徒步150多公里，风尘仆仆迁到此地定居。虽无老家双山一世祖马室弃官隐农的超逸，亦无五世祖马亮元帅的赫赫战功，马原却是西小章村马家人的木本水源，其不惧贫苦、坚毅朴实的拓荒精神滋养着马家后世子孙。每当村民从旁路过，都会肃然起敬。[①]

正是出于敬畏心理，西小章人不再将新丧者埋在祖碑附近，而是将其东南方的一片平地辟作新墓地，俗称"新墓田"，当作全村公墓。于是，西小章人就有了老墓田、新墓田的说法。二者相邻而又相隔，虽无明文规定，却有明确边界。远远看去，老墓田一带是地势略高的沙埠高台，似乎在时刻提醒着村民关于100多年前潍河水灾的一段惨痛记忆以及先祖创业之艰辛，家族绵延之不易。20世纪80年代，村委会组织村民在新墓田里种树，每隔6米栽种一排速生杨树，间杂一座座凸起的土坟，坟前竖立着圆头或方头的墓碑。虽然没有保护林木的警告贴示，却得到全体村民的自觉维护。近年来，随着林树窜高，新墓田也有了肃穆、神圣的意味。

二、竹马队

小章竹马整支表演队伍，由竹马队和武术队两部分人员组成。竹马队包括11人、9马，武术队人数则可多可少。在西小章村，会跑竹马的人不少，甚至有的是全家人都参与竹马活动，村民戏称为"竹马人家"。马兰奎家就是其中之一。

据西小章村书记马向辉介绍，"文化大革命"结束以后，村民都想恢复正月初八跑竹马的传统，是马兰奎的大伯马龙超腾出一处院落，又有马兰奎热心地张罗，熟悉竹马的老人才迅速开始传授技艺，一遍遍地组织排练，第二年居然就开场演出了。在马兰奎的记忆中，那是大家学练竹马热情最高涨的时期：

> 那会儿没有什么分歧，到了年前，老年人一辈一辈的，都积极地动

① 参见李海云:《祖碑》,载《民俗研究》2011年第4期。

> 员孩子过来学武术、学竹马。学武术和学竹马是一个事儿，那时候学武术的都会跑马，跑马的也都会武术。人们积极性大，学得全都会。一到了跑马这个节日，谁去晚了谁捞不着背马，有的人都顾不上吃饭，早上早早地就去把马背上。枪刀剑戟就那几件，去晚了也抢不着。那时候不分武术队和跑马队，我的爷爷、父亲、大爷都会跑马，也都会武术。[1]

马兰奎进入竹马队，一晃就是30年，期间他从来没有缺席过。在他心目中，竹马艺术是整个马氏家族的，任何人都有责任，都有义务来参与。

> 我受我的伯父马龙超的熏陶。他总是说，老少爷们用你的时候就得快点上前，自己的事儿扔一扔，耽误自己的事儿回来再补上，别看热闹别拆台，别图钱也别图这个那个的。不是去挣钱，参加这个团队首先要打消"我要挣钱"这个念头。
>
> 私人的事情先放一放，先服从集体活动。我从1978年开始搞竹马，就始终保持这个态度。家务事再重，叫老婆孩子替替，又不是常年，又不是专职的，只是业余。每年的春节，就这么十几二十天，最多不过一个月的时间。因为什么呢？每逢跑出去演出，心里总有一种自豪感。一听报幕的说，下一个节目是《小章竹马》，我就激动，我是小章人，有小章竹马的演出我就有种自豪感。以前，10个晚上演出就有8个晚上不吃晚饭，因为演出时间晚。[2]

在这些朴实的话语背后，是他30多年来无私的付出。近些年来，西小章村青壮年都外出打工或在附近企业上班，一年到头的主要任务是"快节奏地挣钱"，只有在春节放假期间才有点儿闲工夫，其余时间要想参加竹马表演，就必须请假蒙受经济损失。村里正处于中小学学习阶段的少年，学业压力大，也难以持续地参加竹马和武术的训练，一旦考上大学，就基本上中断此项活动了。一个竹马演员的成才需要三五年时间，一个武术队员的成才周期则更长，需要十年八年才能出真功夫，而即便是技艺娴熟者，在每年演出前也需要1周左右的温习与合练的时间。这在传统社会中原本不成问题，但时至今日，小章竹马已到了"年年办，年年难办"的状态。马兰奎等老一代村民感受到前所未有的压力，却从未有过放弃的念头："一个是责任，一

---

① 马兰奎，男，西小章村人。访谈时间：2015年2月16日。
② 马兰奎，男，西小章村人。访谈时间：2015年2月16日。

个是义务，当然，也是自己的热爱。"也正是在这样的背景下，当2016年底马镇华因身体欠安萌生退意，村民临时推举马兰奎带头组织时，他"临危受命"，最终不负众望获得成功。

2015年山东电视台前来拍摄《小章竹马》，马兰奎积极组织配合

尽管小章竹马当下的状况并不好，但好在有西小章村村委会在始终支持，以前的老书记马龙潜、马兴墀每年都会挤出经费支持竹马活动，新任书记马向辉更是想方设法从昌邑市争取到了一笔非物质文化遗产保护经费。当然，这对表演队伍庞大、排练颇费时日的小章竹马来说，只能算是杯水车薪。何况，外部世界对村民的吸引力越来越大，人心难聚。马兰奎等一班人并不气馁，西小章人之于竹马，毕竟都有着强烈的归属感。马兰奎的一番朴实话语，显示出西小章人的特别韧劲：

> 参加竹马表演，参加武术练习，是在发扬光大马氏先祖的优良传统，增加马氏一族的凝聚力，促进社会的团结和谐，这具有很重要的意义。咱们是靠着热情在做这个东西。我觉得小章竹马现在到了难的时候，工作更应该好好干，要比以前干得更好。①

① 马兰奎，男，西小章村人。访谈时间：2015年2月16日。

三、竹马专家

西小章人喜欢谈论他们的竹马，与竹马有关的轶事奇闻，每位村民都能讲上几个。冬日，西小章村的大街上，一些老人在避风朝阳之处坐着马扎慢条斯理地拉着家常，与竹马有关的故事被反复咂味，成为村落集体记忆的重要组成部分。谁掌握的竹马故事最多？当然是马炳辉。在村民看来，马炳辉是一个痴迷于竹马并投入大量时间进行"研究"的"怪人"。

在西小章村，马炳辉绝对算得上头面人物。马炳辉(1953～2006年)，虽然只有小学学历，却博览群书，是村里名副其实的文化人。村落历史、马氏家族的来源、竹马的兴起、传统风俗、历代掌故、民间传说……他都如数家珍。不过最让他引以为荣的是，在西小章村曾经兴旺发达的集体副业中，有他一份难以抹杀的功劳。用他自己的话来说，就是"小章哪个地方辉煌的时候，哪个地方都有咱"。

马炳辉凡事好奇，什么事都想弄个明白，连老辈人相传的种地经验也要试一试。西小章村一带是沙土地，都说种麦子时，头遍水浇早了不好，但到底是不是真的不好、不好到什么程度，谁也不知道，大家都照着做。但马炳辉认死理，非得搞清楚。有一年，他专门拿出一半麦子来实验，结果真就印证了老话的正确。面对村民的调侃，他正儿八经地回答说："不管干什么都得掌握第一手资料，否则无法做判断，要糊涂一辈子！"[①]这就是马炳辉的性格，也影响到他一生的命运。

从16岁起，马炳辉就在村里磨房干会计，负责收粮、过秤、收钱，从无差错。20世纪70年代初，西小章村引进了一批车床，开车床需要有文化的人，于是村里就派马炳辉操持车床，加工水暖器材的零件。1975年，小章村副业队成立了钣金车间，马炳辉任钣金组组长。20世纪80年代初，他担任第三生产队会计。20世纪80年代末，他担任村织布厂厂长……正是事业蒸蒸日上的时候，谁也没有料到，1991年，年仅38岁的马炳辉突然决定"隐居"。从此以后，他专心在家务农，过起了"日出而作，日落而息"的田园生活。业余

① 马炳辉，男，西小章村人。访谈时间：2004年1月8日。

时间，他到处搜集与西小章村有关的知识，大量读书，小章竹马是他关注的重点。无论何时何地，无论面对何人，如果谈及家长里短，他总是淡然超脱，而一旦谈及西小章村马氏家族的历史、竹马、武术等话题，他都会特别激动，经常“得理不让人”。在外来者眼里，他无疑是一个西小章村文化传统的忠实的捍卫者。在西小章人心目中，他却是一个喜欢探究“八竿子打不着”的陈年往事的聪明闲汉。

西小章人有个老习惯，一旦有婚丧嫁娶或迁房动土之事，一般要问询马镇华，而关于家族起源、竹马由来、马亮元帅诸问题，则首先要请教马炳辉。比如说，关于小章竹马所用的旗帜，一般村民也就是知道“都督旗”，部分人知道这是马亮元帅出场的标志。但在马炳辉那里就不同了，他可以将其由来讲上半天，由不得你不佩服。关于西小章村的由来，他又可以引经据典，滔滔不绝地说上半天。根据他的考证，《昌邑县地名志》的说法都未必准确，西小章村最初的村名应为“当前村”，而非“当迁村”。

只要与马炳辉接触过，就很容易感受到他身上那种传承竹马的神圣使命感。关于竹马的起源，他坚持“马亮创制竹马说”，并煞费苦心地演绎出一个融会各种知识的精细网络，使得村里原有的“马青山移植竹马说”“逃荒要饭竹马说”渐落下风。

每年正月初八，小章竹马从马家祠堂出马

每年正月初八，是小章竹马一年一度演出的特别日子。马炳辉总是一大早就来到祠堂，有条不紊地料理着方方面面。早晨7点，是小章竹马队伍从祠堂里隆重“出马”的神圣时刻。在骤然炸响的鞭炮声中，伴随着铿锵锣鼓，马炳辉总是手擎“马”字大旗第一个走出祠堂大门，走上大街，随后刀枪叉棍的武术队、打扮得花团锦簇的竹马队鱼贯而出。在这一颇具象征意味的安排背后，是村民对马炳辉

多年心血付出的高度评价。

近年来，随着乡村城市化的发展，乡村艺术活动普遍遇到了传承危机，有的甚至已经消失。相形之下，小章竹马的生命力可谓顽强之至，这与马炳辉等人的努力分不开。他很怀念小章竹马的辉煌岁月，经常慨叹："竹马失传了，对不起列祖列宗。失传有罪啊！"这句话道出了老一代村民的共同心声。

四、"热　孙"

在西小章村的方言俗语中，"热喷""热孙"使用频率很高。"热喷"被村民当作不及物动词使用，有热爱、热衷的意思。一个人对某类事情"热喷"到痴迷的地步，乃至成为不自觉的惯性，即使耽误了正事也在所不惜，就成了村民心目中的"热孙"。在西小章村，"热孙"一词多用于指代那些热衷竹马表演活动的人，村民谈起他们，欣赏与揶揄兼有，大多有一份敬佩。近 30 年来，西小章村的壮劳力多在邻村企业上班，他们临近过年才放假，因此演练竹马活动的人手难凑，老一辈村民就经常有这样的感慨：

> 以前跑马一个钱也不用，全都是个人热心，饭都不吃也得跑马。现在全是钱，谁还跑，不好组织了。①
>
> 都忙着挣钱，不"热喷"了。60 年前饭都不吃就来，都爱好跑马。②
>
> 以前那人是真"热喷"，整天地练，年前练，年后也练。现在是组织才练，还得物质刺激。还是以前那个硬功出功夫，他天天琢磨着练。现在给的钱少了他还不想练。③
>
> 现在青年练武的时间少了，也没有时间练，整天忙着挣钱还忙不过来。要想在现在这些青年里头再出个马牌子可就难了。难！看上去好像谁都会，实际上好难！④

发感慨的马镇华、马兰奎、马炳辉、马焕章，都是对竹马表演很"热喷"

---

① 马镇华，男，西小章村人。访谈时间：2004 年 1 月 8 日。
② 马兰奎，男，西小章村人。访谈时间：2004 年 1 月 8 日。
③ 马炳辉，男，西小章村人。访谈时间：2004 年 1 月 8 日。
④ 马焕章，男，西小章村人。访谈时间：2004 年 1 月 8 日。

的人，是竹马的"热孙"。在西小章村，这样的名单可以拉得很长。一场竹马表演所需人手的最低限度是30人，排练加上演出至少需要半个月时间，又恰逢年前、年后，在一个村里组织活动牵扯千头万绪，兴师动众，相当不易，因而离不开热心公益的人，村民用"无孙不成局"来表达对他们的敬佩。他们不仅是村落仪式传统中的能人，也是日常生活中有影响力的人物。毕竟，在忙年、过年期间，把老少爷们从暖暖和和的家里拉出来，组织竹马表演的训练和演出，没有点能力是不行的。首先要热心，其次必须懂行，熟悉竹马活动中的各项程序与规矩；再者，还必须在本村中具有一定的威信，最重要的是要有任劳任怨的奉献精神，甘愿投入大量精力、财力而不计较回报。

作为一种村落性的表演活动，组织小章竹马演出需要涉及方方面面的关系。乍看起来，在西小章村组织一场竹马活动似乎不是很难的事。因为在西小章村，成年男人几乎都会竹马，都能以不同方式参与到竹马演出的队伍中来。再加上西小章人对这一传统特别重视，一句"小章一年不跑马，一年不旺相"，使得他们对这一活动平添了一种神圣感与责任感。然而，在近30年来，现代化生活方式已悄然进入西小章村，它在改变村落传统作息制度的同时，也在不知不觉中改变着村民的精神生活，重塑着他们的人生理念。

马镇华是西小章人心目中的头号竹马"热孙"，在近20年间担当了竹马演出组织者的角色。当初他之所以被村民推举出来，是因为他具备如下条件：其一，他在村里被认为是个"什么都懂"的人，是各种红白公事的常任主持，具有相当高的威信；其二，他已经参加竹马活动40多年，精通竹马活动里面的大小事情；其三，他有义务奉献精神，对竹马特别"热喷"。显然，掌握全面的乡土知识而且在村里有公信力，比具有某一单项技艺更重要。偏偏马镇华是个直性子，他对于竹马演出之事当仁不让，一干竟然就20多年，每到年关都忙得不可开交。

近30年来，伴随着乡村生活的都市化进程，村民可以自由支配的闲暇时间越来越少，小章竹马活动盛况不再。这一困境远非马镇华所能破解。他为此感到很无奈，也就更加怀念小章竹马曾有的那段黄金岁月。部分村民对本村竹马活动日益衰弱的现状也感到不满意，这使马镇华感到了莫大压力。2005年，年近七旬的马镇华决定将竹马活动暂停一年，集中训练武术

后备人才，养精蓄锐，以期第二年回双山老家祭祖时组织一次大规模的表演。恰好当年正月初八前后一直下大雪，地面积雪很厚，村民躲在家里不愿出门，都认为马镇华竹马停演的决定颇有几分先见之明。不过，也有人不以为然，甚至有“今年小章怕要多死几个人”的极端说法。对此，马镇华理直气壮地给予回应：

> 谁叫你们平时三趟五趟地叫不动，磨磨蹭蹭不积极参加竹马！
>
> 竹马怎么成了我一个人的事了？平时是我干事，你们横挑鼻子竖挑眼的那个劲儿！今年我不干了，那些有本事的也来试试，别光说不干。①

大家都明白，组织竹马表演已是今非昔比，无论谁来组织都难以恢复往日辉煌，费力不讨好。抱怨归抱怨，转过年来，马镇华又抖擞精神，组织了一群少男少女，开始了每周末的祠堂习武。在马镇华心目中，小章竹马在历史上也曾几度失传，但后来依靠一代代村民的努力，一次次使之重获生机，走上复兴之路。只要老少爷们的心还热，只要大家还认为“小章一年不跑马，一年不旺相”，小章竹马就兴盛有望。

小章竹马入选山东省非物质文化遗产名录，村民很是自豪

① 马镇华，男，西小章村人。访谈时间：2005 年 2 月 8 日。

让马镇华颇为高兴的是，近年来村里多个年轻人自觉加入进来，或搜集整理家族中与武术有关的传说故事，或用录像将小章竹马表演记录下来，在网上传播。2009 年 9 月 27 日，山东省人民政府公布第二批省级非物质文化遗产名录，小章竹马赫然在列。2011 年 11 月 21 日，山东省文化厅公布第三批省级非物质文化遗产项目代表性传承人名录，马镇华排在 63 人公示名单中的第一位，很是醒目。

马镇华组织小章竹马参加潍坊市非物质文化遗产展演活动

附　录
民俗资料提供者简介

1. 马炳辉，男，生于 1953 年，昌邑市围子街道西小章村村民，已故。
2. 马焕章，男，生于 1922 年，昌邑市围子街道西小章村村民，已故。
3. 马泮宫，男，生于 1923 年，昌邑市围子街道西小章村村民，已故。
4. 马镇华，男，生于 1938 年，昌邑市围子街道西小章村村民。
5. 马兰奎，男，生于 1953 年，昌邑市围子街道西小章村村民。
6. 马泮柱，男，生于 1943 年，昌邑市围子街道西小章村村民。
7. 马泮升，男，生于 1956 年，昌邑市围子街道西小章村村民。
8. 马德箴，男，生于 1952 年，昌邑市围子街道西小章村村民。
9. 马炳廷，男，生于 1944 年，昌邑市围子街道西小章村村民。
10. 马泮林，男，生于 1936 年，昌邑市围子街道西小章村村民。
11. 马伦墀，男，生于 1953 年，昌邑市围子街道西小章村村民。
12. 马正墀，男，生于 1959 年，昌邑市围子街道西小章村村民。
13. 马永升，男，生于 1981 年，昌邑市围子街道西小章村村民。
14. 马池，男，生于 1960 年，昌邑市围子街道西小章村村民。
15. 马德厅，男，生于 1955 年，昌邑市围子街道西小章村村民。
16. 马炳顺，男，生于 1955 年，昌邑市围子街道西小章村村民。
17. 马焕新，男，生于 1964 年，昌邑市围子街道西小章村村民。
18. 马明远，男，生于 1980 年，昌邑市围子街道西小章村村民。

19. 马焕信，男，生于1962年，昌邑市围子街道西小章村村民。

20. 马德仁，男，生于1958年，昌邑市围子街道西小章村村民。

21. 马升池，男，生于1935年，昌邑市围子街道西小章村村民。

22. 马晓峰，男，生于1985年，昌邑市围子街道西小章村村民。

23. 马家鸾，女，生于1940年，昌邑市围子街道西小章村村民。

24. 付桂英，女，生于1964年，昌邑市围子街道西小章村村民。

25. 周秀芹，女，生于1940年，昌邑市围子街道西小章村村民。

26. 张杰芳，女，生于1957年，昌邑市围子街道西小章村村民。

27. 孙桂莲，女，生于1971年，昌邑市围子街道西小章村村民。

28. 齐凤花，女，生于1975年，昌邑市围子街道西小章村村民。

29. 马炳盛，男，生于1941年，昌邑市围子街道西小章村村民（原村支部书记）。

30. 马兴墀，男，生于1953年，昌邑市围子街道西小章村村民（原村支部书记）。

31. 马向辉，男，生于1964年，昌邑市围子街道西小章村村支部书记。

32. 马泮忠，男，生于1958年，昌邑市围子街道宋庄西村。

33. 黄正鹏，男，生于1934年，昌邑市围子街道王珂村村民。

34. 马松举，男，生于1955年，莱西市夏格庄镇双山村村民。

我的故乡在淄博，我却长年奔波于潍坊昌邑地区一个叫西小章村的地方。从2003年初次进村，我就被这块沃土深深地吸引住了。

此后，我带领山东大学、山东艺术学院的民俗学师生，还有国内外的专家、朋友，一次又一次地去西小章村考察。屈指算来，竟已有15个年头。在西小章村度过的那些美好时光，真值得怀念，我从中感到了生命的快乐和力量。

特别让我感动的是，西小章村村民从来没拿我当外人，他们就像我的长辈、我的兄弟姐妹。最初几年，因为写博士论文的缘故，我曾多次来到西小章村。在村支书马兴墀的悉心安排下，我吃在村里，住在民兵连，没有任何后顾之忧。村民马镇华、马炳辉等热心地带我四下里访谈，村里的老老少少都对我敞开心扉，甚至习惯了我的每一次到来。此后，我每年过年期间都来西小章村“走亲戚”，平时常有电话问候，温情不断。前年村委会换届，马向辉当选为村支书，立志要将小章竹马发扬光大，做出一番名堂。恰巧文化部民族民间文艺发展中心主任李松，他主持的国家社科基金重大项目《中国节日志·节日影像志》面向社会招标课题，我所申请的《小章竹马》荣幸入选。经过山东电视台导演赵秋唐团队的三年辛劳，终于拍摄成功。前前后后的这些工作，都离不开西小章村村民的无私支持与帮助。书中所附的这份民俗资料提供者名单，其实并不完整，还有很多可敬可爱的村民为我们提供过帮助却没有留下姓名。在此，请允许我向世世代代生活于西小章村土地上的人们表示我最真挚的谢意，感谢你们！

潍坊市文化馆范新建馆长、昌邑市文化局于卫东局长给予了我大力支持，昌邑市非物质文化遗产保护中心的王爱海主任、李云龙先生等也提供了许多具体的帮助。我的老朋友张宝辉、刘铁飞一如既往地对我有求必应，为我的田野调查提供了诸多关照。他们热情诚恳、善良无私，坦荡正直如昌潍大地，澄澈明洁如潍水清流，体现出一种特别的人格力量，请允许我在此向他们一并致谢！

西小章人年年跑竹马，对祖传武术视若珍宝，秘不外传，至今还有“不落夫家”的婚俗遗存，其《马氏族谱》是当地少见的不收录女性的“光棍谱”……所有这些，都为西小章村赋予了一种神秘的色彩。西小章人却对此安之若素，看上去一切都那么天经地义，日常生活像一条平缓的河流。我必须承认，在有了那么多次田野考察，甚至为之撰写过多种论著之后，西小章村之于我，依然是谜一样的存在。在写作这本小书时，我尽量从村落生活事实出发予以白描，捕捉其中的意义显现，却经常为找不到恰当言辞来表达而苦恼。西小章村的文化是广袤而深厚的，我深信，正是因为有着无数个西小章村，特别是有着无数种像小章竹马一样的乡艺活动，几千年中华文明才真正有了生活支撑，中国传统文化的当代传承才有可能实现。

在我的记忆中，西小章村正月初八这天经常下雪。萧瑟大地，皑皑白雪，伴随着喧天锣鼓，一支竹马队彩衣鲜明，刀枪林立，蜿蜒穿行于乡野之间，点燃起寒冬激情……我想，在未来的岁月中，我依然愿做西小章村的常客，流连其间，浸染其中，静心感悟西小章村父老乡亲的生活与文化。这是我的宿命，也是我的幸运。

张士闪

2017 年 10 月

图书在版编目(CIP)数据

西小章村/张士闪著.—济南:山东大学出版社,2017.12

(山东村落田野研究丛书/张士闪,李松总主编)

ISBN 978-7-5607-5924-1

Ⅰ.①西… Ⅱ.①张… Ⅲ.①村史—潍坊 Ⅳ.①K295.25

中国版本图书馆 CIP 数据核字(2017)第 328715 号

策划编辑:傅 侃
责任编辑:傅 侃
装帧设计:牛 钧

出版发行:山东大学出版社
社 址 山东省济南市山大南路 20 号
邮 编 250100
电 话 市场部(0531)88363008
经 销:山东省新华书店
印 刷:山东华鑫天成印刷有限公司
规 格:720 毫米×1000 毫米 1/16
12.5 印张 203 千字
版 次:2017 年 12 月第 1 版
印 次:2017 年 12 月第 1 次印刷
定 价:42.00 元